斯尔教育
SINCERE EDU

基础进阶 | 课程配套讲义

会计专业技术中级资格考试辅导用书

财务管理

斯尔教育 组编

2022

Caiwu
Guanli

只做好题

民主与建设出版社
·北京·

图书在版编目（CIP）数据

只做好题. 财务管理 / 斯尔教育组编. — 北京：
民主与建设出版社, 2022.1
会计专业技术中级资格考试辅导用书
ISBN 978-7-5139-3736-8

Ⅰ. ①只… Ⅱ. ①斯… Ⅲ. ①财务管理—资格考试—
自学参考资料 Ⅳ. ①F23

中国版本图书馆CIP数据核字(2022)第016371号

只做好题 · 财务管理

ZHIZUO HAOTI · CAIWU GUANLI

组　　编　斯尔教育
责任编辑　程　旭
封面设计　师鑫祺
出版发行　民主与建设出版社有限责任公司
电　　话　（010）59417747　59419778
社　　址　北京市海淀区西三环中路10号望海楼E座7层
邮　　编　100142
印　　刷　北京利丰雅高长城印刷有限公司
版　　次　2022年1月第1版
印　　次　2022年1月第1次印刷
开　　本　889mm × 1194mm　1/16
印　　张　14
字　　数　358千字
书　　号　ISBN 978-7-5139-3736-8
定　　价　20.00元

使用指南

各位同学：

中级会计职称考试财务管理科目的2022年备考之旅正式开启。

这本《只做好题·财务管理》是斯尔教育2022年中级会计职称考试财务管理科目“基础进阶”阶段的配套题册。除了这一本题册之外，我们还将在后续的“冲刺飞越”阶段为同学们提供《飞越必刷题》，敬请期待。

本题册共分为十一章，其中前十章对应教材章节设置，第十一章为综合题集训。

具体使用说明如下：

第一，分章节练习部分。

1.有哪些题型

此部分共设有五类题型，分别是单项选择题、多项选择题、判断题、计算分析题和综合题。根据每章内容的特点，设置相应题型。

2.何时开始做

建议同学们按照课程节奏完成对应知识点的练习，不必等到一个章节全部学完之后才开始做题，否则积攒压力太大，可能会打消你做题的动力。跟上进度，及时消化，才更有利于知识的吸收。

3.做完要干啥

首先，核对答案。本书客观题的答案均集中在答题卡区域，更有利于同学们快速核对答案。

其次，研读解析。对于做错的题目，需要用心研读解析，搞懂每一个选项，不留盲区。而对于做对的题目，仍然建议同学们阅读解析，以判断你的做题思路是否正确，到底是真的学会了，还是碰巧蒙对了。另外，解析中还撰写了很多“注意”，这些都是各位同学容易掉入的“坑”，这次没掉不代表下次不掉，所以多看看此类提示，才能保证正确率。

第二，综合题练习部分。

1.有哪些题型

此部分仅设置了综合题，整体难度较高。正因如此，大家更需要专项训练，重点突破，通过“量变”获得“质变”。

2.何时开始做

无需提早开始。建议同学们在学完第一轮课程之后，再进入综合题专项训练。

3.做完要干啥

首先，依然是核对答案，但不能只核对结果，也要关注过程。而且，我们已经贴心地将同学们在做题时可能产生的疑虑提前撰写了“说明”，更加及时地解决你们的问题。

另外，在每道综合题后，我们还为大家留出了【我来总结】区域，以督促各位养成总结的习惯，不断积累解题技巧。

一个无奈的事实是，财务管理是一门需要大量练习的学科。因此，恳请各位同学不要偷懒，更不要惧怕做题。只有在考前经历过题海的洗礼，才能在考场上变得游刃有余。

各位加油！祝备考顺利。

于安博

目 录

1 第一章 总 论 1

2 第二章 财务管理基础 9

3 第三章 预算管理 23

4 第四章 筹资管理（上） 35

5 第五章 筹资管理（下） 49

6 第六章 投资管理 61

7 第七章 营运资金管理 81

8 第八章 成本管理 101

9 第九章 收入与分配管理 119

10 第十章 财务分析与评价 135

综合题集训 153

第一章 总 论

使用斯尔教育APP
扫码看解析做好题

一、单项选择题

1.1 下列关于企业组织形式的说法中，错误的是（ ）。

A.个人独资企业的业主承担无限责任

B.合伙企业转让其所有权时需要其他合伙人同意

C.公司制企业存在双重课税的问题

D.国有独资公司是股份有限公司的特殊形式

1.2 下列有关企业组织形式的表述中，错误的是（ ）。

A.个人独资企业不需要缴纳企业所得税

B.个人独资企业的责任承担以业主的投资额为限

C.合伙企业的存续生命有限

D.公司制企业存在代理问题

1.3 下列关于财务管理内容的表述中，错误的是（ ）。

A.投资是企业生存、发展以及进一步获取利润的基本前提

B.筹资是基础，且筹资数量还制约着公司投资的规模

C.短期借款计划和商业信用筹资计划属于筹资管理的范畴

D.收入的初次分配是对成本费用的弥补

1.4 下列有关企业财务管理目标的表述中，错误的是（ ）。

A.利润最大化目标可能导致企业短期行为倾向

B.相关者利益最大化目标强调股东的首要地位

C.企业价值最大化目标并未考虑风险与报酬的关系

D.各种财务管理目标都以股东财富最大化为基础

1.5 若上市公司以股东财富最大化作为财务管理目标，则衡量股东财富大小的最直观的指标是（ ）。

A.净利润　　B.净资产收益率

C.每股收益　　D.股价

1.6 下列措施中，不可以协调大股东与中小股东之间的利益冲突的是（ ）。

A.增强中小股东的投票权

B.增强中小股东的知情权

C.降低董事会中独立董事的比例

D.完善信息披露制度

1.7 下列关于协调相关者的利益冲突的说法中，错误的是（ ）。

A.解聘是通过所有者约束经营者的办法

B.接收是通过市场约束经营者的办法

C.所有权和经营管理权分离后会产生产权问题

D.协调利益冲突的原则是使相关者的利益分配在数量上和时间上达到动态平衡

1.8 下列各项中，属于财务管理的核心是（ ）。

A.财务预测 B.财务决策 C.财务预算 D.财务控制

1.9 集权型财务管理体制可能导致的问题是（ ）。

A.削弱所属单位主动性 B.资金管理分散

C.利润分配无序 D.资金成本增大

1.10 U型组织是以职能化管理为核心的一种最基本的企业组织结构，其典型特征是（ ）。

A.集权控制 B.分权控制 C.多元控制 D.分层控制

1.11 下列关于通货膨胀对企业财务活动影响的表述中，错误的是（ ）。

A.增加企业的资金需求 B.引起企业利润虚增

C.加大企业筹资成本 D.引起有价证券价格上升

1.12 下列各项中，属于货币市场工具的是（ ）。

A.优先股 B.银行承兑汇票

C.可转换债券 D.银行长期贷款

1.13 下列关于资本市场的说法中，错误的是（ ）。

A.农产品期货市场属于资本市场 B.主要功能是实现短期资本融通

C.资本借贷量大 D.收益较高但风险也较大

二、多项选择题

1.14 与利润最大化的财务管理目标相比，股东财富最大化的优点有（ ）。

A.考虑了风险因素

B.在一定程度上避免企业短期行为

C.有利于整体经济效益的提高

D.对上市公司而言，比较容易量化，便于考核和奖惩

1.15 分权型财务管理体制可能导致的问题有（ ）。

A.利润分配无序 B.失去适应市场的弹性

C.资金成本增大 D.资金管理分散

1.16 下列各项中，属于影响企业财务管理体制集权与分权选择的因素有（　　）。

A.基层员工素质　　B.企业战略

C.企业规模　　D.信息网络系统

1.17 下列各项实践中，企业总部没必要进行集中管理的有（　　）。

A.制度制定　　B.人员管理

C.业务定价　　D.固定资产购置

1.18 下列各项措施中，有助于企业应对通货膨胀的有（　　）。

A.采用更为严格的信用条件　　B.取得长期借款

C.降低股利分配率　　D.签订固定价格长期销货合同

1.19 与资本性金融工具相比，下列各项中，属于货币性金融工具特点的有（　　）。

A.期限较长　　B.流动性强　　C.风险较小　　D.价格平稳

三、判断题

1.20 不论是公司制企业还是合伙制企业，股东或合伙人都面临双重课税问题，即在缴纳企业所得税后，还要缴纳个人所得税。（　　）

1.21 对于以相关者利益最大化为财务管理目标的公司来说，最为重要的利益相关者应当是公司员工。（　　）

1.22 相关者利益最大化的财务管理目标认为股东权益是剩余权益，其他利益相关者的要求在任何情况下都需要先于股东被满足。（　　）

1.23 与企业价值最大化目标相比，股东财富最大化目标的局限性在于未能克服企业追求利润的短期行为。（　　）

1.24 公司将已筹集资金投资于高风险项目会给原债权人带来高风险和高收益。（　　）

1.25 企业财务管理的目标理论包括利润最大化、股东财富最大化、公司价值最大化和相关者利益最大化等理论，其中，公司价值最大化、股东财富最大化和相关者利益最大化都是以利润最大化为基础的。（　　）

1.26 在财务管理中坚持现金收支平衡原则，是财务管理工作的首要出发点。（　　）

1.27 在分配管理中，应追求分配管理成本最小的前提下，妥善处理好各种财务关系，这反映了财务管理中利益关系协调原则。（　　）

1.28 企业集团内部各所属单位之间业务联系越密切，就越有必要采用相对集中的财务管理体制。（　　）

1.29 不考虑其他因素的影响，通货膨胀一般导致市场利率下降，从而降低筹资难度。（　　）

1.30 金融工具是形成一方的金融资产并形成其他方的金融负债或权益工具的合同，具有收益性、稳定性和流动性的特征。（　　）

1.31 金融市场分为货币市场和资本市场，股票市场属于资本市场。（　　）

1.32 资本市场的主要功能是实现长期资本融通，包括债券市场、股票市场、期货市场和大额定期存单市场。（　　）

答案与解析

一、单项选择题

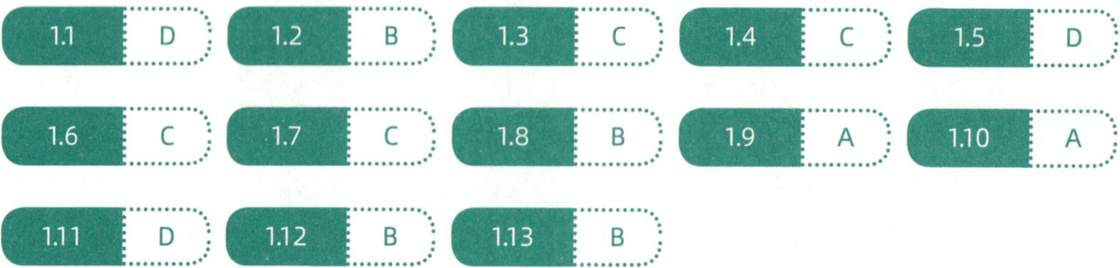

题号	答案	题号	答案	题号	答案	题号	答案	题号	答案
1.1	D	1.2	B	1.3	C	1.4	C	1.5	D
1.6	C	1.7	C	1.8	B	1.9	A	1.10	A
1.11	D	1.12	B	1.13	B				

二、多项选择题

题号	答案	题号	答案	题号	答案	题号	答案	题号	答案
1.14	ABD	1.15	ACD	1.16	BCD	1.17	BC	1.18	ABC
1.19	BCD								

三、判断题

题号	答案	题号	答案	题号	答案	题号	答案	题号	答案
1.20	×	1.21	×	1.22	×	1.23	×	1.24	×
1.25	×	1.26	×	1.27	×	1.28	√	1.29	×
1.30	×	1.31	√	1.32	×				

一、单项选择题

1.1 斯尔解析 D 本题考查的是不同企业组织形式的特点。国有独资公司是有限责任公司的特殊形式，选项D错误。

提示：合伙企业转让其所有权时需要其他合伙人同意，这体现了合伙企业"人合"的特点。

1.2 斯尔解析 B 本题考查的是不同企业组织形式的特点。个人独资企业的业主承担无限责任，并非以其业主的投资额为限，选项B说法错误。需要特别说明的是选项C，这句话并非教材原文，但由于合伙企业的优缺点与个人独资企业类似，因此合伙企业的存续生命与个人独资企业类似，即存续生命有限，随着合伙人的死亡而自动消亡，因此该选项说法正确。

1.3 斯尔解析 C 本题考查的是财务管理的内容。短期借款计划和商业信用筹资计划属于营运资金管理的范畴，选项C错误。同学们需要格外关注选项AB的说法，并做好辨析。

1.4 斯尔解析 C 本题考查的是各类财务管理目标的辨析。企业价值最大化目标考虑了风险与报酬的关系（因为企业价值计算需要运用贴现率，而贴现率则包含了风险和报酬因素），因此选项C错误。

1.5 斯尔解析 D 本题考查的是股东财富最大化目标。在上市公司，股东财富是由其所拥有的股票数量和股票市场价格两方面来决定的。在股票数量一定时，股票价格达到最高，股东财富也就达到最大，因此衡量股东财富大小的最直观的指标是股价，选项D正确。

1.6 斯尔解析 C 本题考查的是大股东与中小股东之间的利益冲突及协调。大股东与中小股东之间的利益冲突的协调方式包括：

（1）增强中小股东的投票权和知情权（选项AB不当选）；

（2）提高董事会中独立董事的比例（选项C当选）；

（3）建立健全监事会，并赋予监事会更大的监督与起诉权；

（4）完善会计准则体系和信息披露规则（选项D不当选）；

（5）加大对信息披露违规行为的处罚力度，加强对信息披露的监管。

1.7 斯尔解析 C 本题考查的是利益冲突与协调问题。当公司的所有权和经营管理权分离以后，所有者成为委托人，经营管理者成为代理人，代理人有可能为了自身利益而损害委托人利益，这属于委托代理问题，选项C说法错误。

提示：产权问题产生于所有者与债权人之间。

1.8 斯尔解析 B 本题考查的是财务管理环节。财务决策是指按照财务战略目标的总体要求，利用专门的方法对各种备选方案进行比较和分析。从中选出最佳方案的过程。财务决策是财务管理的核心，决策的成功与否直接关系到企业的兴衰成败，因此选项B正确。

1.9 斯尔解析 A 本题考查的是集权型财务管理体制的特点。在集权型财务管理体制下，集权过度会使各所属单位缺乏主动性、积极性，丧失活力，因此选项A正确。选项BCD均为分权型财务管理体制的特点。建议同学们通过"圈养模式"来理解集权型财务管理体制，很容易选出正确答案。

1.10 斯尔解析 A 本题考查的是企业财务管理体制的设计原则。企业组织体制主要有U型组织、H型组织和M型组织三种基本形式。U型组织最典型的特征是在管理分工下实行集权控制，选项A正确。

1.11 斯尔解析 D 本题考查的是财务管理环境中的经济环境，具体考查了通货膨胀对企业财务活动的影响。通货膨胀引起有价证券价格下降，增加企业的筹资难度，选项D错误。

1.12 斯尔解析 B 本题考查的是货币市场工具的类型。货币市场是短期金融工具交易的市场，交易的证券期限不超过1年，包括拆借市场、票据市场、大额定期存单市场和短期债券市场，因此选项B正确。选项ACD均属于资本市场工具。

1.13 斯尔解析 B 本题考查的是资本市场的特点。资本市场的主要功能是实现长期资本融通，因此选项B错误。

提示：选项A提及的期货市场也属于资本市场，包括商品期货市场和金融期货市场。

二、多项选择题

1.14 斯尔解析 ABD 本题考查的是财务管理目标之间的对比。与利润最大化的财务管理目标相比，股东财富最大化的优点有：

（1）考虑风险因素（选项A正确）；

（2）在一定程度上避免短期行为（选项B正确）；

（3）对上市公司而言，容易量化，便于考核和奖惩（选项D正确）。

利润最大化目标有利于企业资源的合理配置，有利于企业整体经济效益的提高（选项C错误）。

1.15 斯尔解析 ACD 本题考查的是分权型财务管理体制的特点。选项ACD均为分权型财务管理体制的缺点。集权型财务管理体制下，可能因为决策程序相对复杂而失去适应市场的弹性，丧失市场机会，选项B属于集权型财务管理体制的缺点。

1.16 斯尔解析 BCD 本题考查的是影响企业财务管理体制集权与分权选择的因素。影响因素有：

（1）企业生命周期；

（2）企业战略（选项B正确）；

（3）企业所处市场环境；

（4）企业规模（选项C正确）；

（5）企业管理层素质（选项A错误）；

（6）信息网络系统（选项D正确）。

1.17 斯尔解析 BC 本题考查的是集权与分权相结合财务管理体制的实践。企业总部没必要进行集中管理（即分散管理）的实践有四项：经营自主权、人员管理权、业务定价权、费用开支审批权，选项BC正确。制度制定和固定资产购置均属于企业总部应当集中管理的权利，选项AD错误。

1.18 斯尔解析 ABC 本题考查的是通货膨胀的应对措施。采用更为严格的信用条件，可以减少企业债权（即多收钱），选项A正确；取得长期借款，可以保持资本成本的稳定，避免利率上升（即锁定成本），选项B正确；降低股利分配率，可以减少企业资本流失（即少花钱），选项C正确；签订固定价格长期销货合同，会减少在通货膨胀时期的销售收入和现金流入，无助于企业应对通货膨胀，选项D错误。

提示：请务必区分是“购货”合同，还是“销货”合同。

1.19 斯尔解析 BCD 本题考查的是货币市场工具与资本市场工具的辨析。货币市场上的金融工具具有较强的“货币性”，具有流动性强、价格平稳、风险较小等特性，因此选项BCD正确。资本市场工具的期限较长，通常在1年以上，因此选项A错误。

三、判断题

1.20 斯尔解析 × 本题考查的是不同企业组织形式的纳税问题。公司制企业存在双重课税问题，合伙制企业不存在双重课税问题，因此本题说法错误。

1.21 斯尔解析 × 本题考查的是相关者利益最大化目标。相关者利益最大化强调股东的首要地位，并强调企业与股东之间的协调关系。公司员工是相关利益者的一部分，但不是最重要的部分，因此本题说法错误。

1.22 斯尔解析 × 本题考查的是相关者利益最大化目标。相关者利益最大化的财务管理目标认为股东权益是剩余权益，其他利益相关者的要求先于股东被满足，且必须是有限度的，并非在任何情况下都先于股东被满足，因此本题说法错误。

1.23 斯尔解析 × 本题考查的是各类财务管理目标的对比。在各类财务管理目标中，仅有利润最大化目标可能导致企业短期行为倾向，影响企业长远发展，股东财富最大化目标和企业价值最大化目标均不会导致企业短期行为。股东财富最大化目标在一定程度上能避免企业短期行为，因为不仅目前的利润会影响股票价格，预期未来的利润同样会对股价产生重要影响。企业价值最大化目标将企业长期、稳定的发展和持续的获利能力放在首位，能克服企业在追求利润上的短期行为，因此本题说法错误。

1.24 斯尔解析 × 本题考查的是所有者和债权人之间的利益冲突。公司将已筹集资金投资于高风险项目，会增大偿债风险，债权人的债权价值也必然会降低，造成债权人风险与收益的不对称，因此本题说法错误。

1.25 斯尔解析 × 本题考查的是企业财务管理目标之间的关系。利润最大化、企业价值最大化以及相关者利益最大化等各种财务管理目标，都以股东财富最大化为基础，因此本题说法错误。

1.26 斯尔解析 × 本题考查的是财务管理原则。在财务管理中坚持系统性原则，是财务管理工作的首要出发点，因此本题说法错误。

1.27 斯尔解析 × 本题考查的是财务管理原则。在分配管理中，应追求分配管理成本最小的前提下，妥善处理好各种财务关系，这反映了财务管理中成本收益权衡原则，因此本题说法错误。

1.28 斯尔解析 √ 本题考查的是影响企业财务管理体制集权与分权选择的因素。本题说法正确。

1.29 斯尔解析 × 本题考查的是通货膨胀对财务活动的影响。通货膨胀会引起市场利率上升，加大企业筹资成本，增加的企业的筹资难度，因此本题说法错误。

1.30 斯尔解析 × 本题考查的是金融工具的特征。金融工具具有收益性、风险性和流动性的特征，但不具有稳定性的特征，因此本题说法错误。

1.31 斯尔解析 √ 本题考查的是金融市场的分类。以期限为标准，金融市场可分为货币市场和资本市场。其中资本市场包括股票市场、债券市场、期货市场和融资租赁市场等四种类型，因此本题说法正确。

1.32 斯尔解析 × 本题考查的是金融市场的分类与特征。大额定期存单市场属于货币市场，而资本市场还包括融资租赁市场，因此本题说法错误。

第二章　财务管理基础

使用斯尔教育APP
扫码看解析做好题

一、单项选择题

2.1　（P/F，i，9）与（P/F，i，10）分别表示9年期和10年期的复利现值系数，关于二者的数量关系，下列表达式正确的是（　　）。

A.（P/F，i，10）=（P/F，i，9）-1

B.（P/F，i，10）=（P/F，i，9）×（1+i）

C.（P/F，i，9）=（P/F，i，10）×（1+i）

D.（P/F，i，10）=（P/F，i，9）+1

2.2　甲商场某型号相机的售价为7 200元，拟进行分期付款促销活动，价款可在9个月按月分期，每期期初等额支付。假设年利率为12%，下列各项中，最接近该相机月初分期付款金额的是（　　）。

A.832　　B.800　　C.841　　D.850

2.3　某年金的收付形式为从第1期期初开始，每期支付200元，一直到永远。假设利率为8%，则其现值为（　　）元。

A.2 000　　B.2 300　　C.2 500　　D.2 700

2.4　某医药企业近期购置了一台精密仪器，从第3年年初开始付款，分5年支付，每年支付100万元，按照10%的年利率计算，该仪器的现值为（　　）。

A.100×（P/A，10%，5）×（P/F，10%，1）

B.100×（P/A，10%，5）×（P/F，10%，2）

C.100×（P/F，10%，5）×（P/A，10%，1）

D.100×（P/F，10%，5）×（P/A，10%，2）

2.5　下列各项中，与普通年金终值系数互为倒数的是（　　）。

A.预付年金现值系数　　B.普通年金现值系数

C.偿债基金系数　　D.资本回收系数

2.6　小金于2022年1月15日取得一笔贷款200 000元，用于支付攻读MBA的学费，年限为2年，年利率为12%。小金从2022年2月15日开始还款，每月还一次，则其每个月的应付金额为（　　）元。

A.200 000×（P/A，12%，2）

B.200 000/（P/A，1%，24）

C.200 000×（F/A，12%，2）

D.200 000/（F/A，1%，24）

2.7 甲公司投资一项证券资产，每年年末都能按照6%的名义利率获取相应的现金收益。假设通货膨胀率为2%，则该证券资产的实际利率为（　　）。

A.3.88%　　B.3.92%　　C.4.00%　　D.5.88%

2.8 甲公司平价发行5年期的公司债券，债券票面利率为10%，每半年付息一次，到期一次偿还本金。该债券的实际年利率（　　）。

A.10%　　B.10.25%　　C.10.5%　　D.9.5%

2.9 某企业在年初向银行借入21万元，期限为5年，每年等额还本付息的金额为5万元，已知（P/A，6%，5）=4.2124，（P/A，7%，5）=4.1002，则银行向其提供的借款利率为（　　）。

A.6.11%　　B.7.38%　　C.6.85%　　D.5.92%

2.10 已知当前市场的纯粹利率为1.8%，通货膨胀补偿率为2%。若某证券资产要求的风险收益率为6%，则该证券资产的必要收益率为（　　）。

A.9.8%　　B.7.8%　　C.8%　　D.9.6%

2.11 某项目的期望投资收益率为14%，风险收益率为9%，收益率的标准差为2%，则该项目收益率的标准差率为（　　）。

A.0.29%　　B.22.22%　　C.14.29%　　D.0.44%

2.12 在投资收益不确定的情况下，按照估计的各种可能收益水平及其发生概率计算的加权平均数是（　　）。

A.实际收益率　　B.期望收益率

C.必要收益率　　D.无风险收益率

2.13 下列关于投资组合的表述中，正确的是（　　）。

A.投资组合能够消除大部分系统性风险

B.投资组合的总规模越大，承担的风险越大

C.投资组合的方差越小，其收益越高

D.一般情况下，随着组合中资产数量的增加，其整体风险降低的速度会越来越慢

2.14 在证券投资中，通过随机选择足够数量的证券进行组合可以分散掉的风险是（　　）。

A.所有风险　　B.市场风险

C.系统性风险　　D.非系统性风险

2.15 某企业拟进行一项存在一定风险的工业项目投资，有甲、乙两个方案可供选择：已知甲方案收益的期望值为1 000万元，标准差为300万元；乙方案收益的期望值为1 200万元，标准差为330万元。下列结论中正确的是（　　）。

A.甲方案优于乙方案　　B.甲方案的风险大于乙方案

C.甲方案的风险小于乙方案　　D.无法评价甲、乙方案的风险大小

2.16 下列各项中，不能用于衡量风险的是（　　）。

A.贝塔系数　　B.期望值

C.标准差率　　D.方差

2.17 拒绝与信用不好的交易对手进行交易，从风险管理对策上看属于（　　）。

A.风险规避　　B.风险转移

C.风险控制　　D.风险转换

2.18 为企业的资产购买保险，从风险管理对策上看属于（　　）。

A.风险控制　　B.风险对冲

C.风险补偿　　D.风险转移

2.19 下列风险管理策略中，不属于风险对冲的是（　　）。

A.资产组合使用　　B.采取合营方式实现风险共担

C.多种外币结算的使用　　D.战略上的多种经营

2.20 根据成本性态，在一定时期、一定业务量范围之内，职工培训费一般属于（　　）。

A.半变动成本　　B.半固定成本

C.约束性固定成本　　D.酌量性固定成本

2.21 企业生产产品所耗用直接材料成本属于（　　）。

A.技术性变动成本　　B.酌量性变动成本

C.酌量性固定成本　　D.约束性固定成本

2.22 下列各项中，属于技术性变动成本的是（　　）。

A.生产设备的主要零部件成本　　B.加班工资

C.销售佣金　　D.技术转让费

2.23 某公司成立之初安装了若干办公电话用以回复用户咨询，每台办公电话的月租费为20元，只能拨打市内电话，每分钟0.1元。该笔电话费所属的混合成本类型是（　　）。

A.延期变动成本　　B.半变动成本

C.半固定成本　　D.曲线变动成本

二、多项选择题

2.24 下列关于货币时间价值系数关系的表述中，正确的有（　　）。

A.普通年金现值系数×投资回收系数=1

B.普通年金终值系数×偿债基金系数=1

C.普通年金现值系数×（1+折现率）=预付年金现值系数

D.普通年金终值系数×（1+折现率）=预付年金终值系数

2.25 已知某笔递延年金的递延期为m，年金支付期为n，下列递延年金现值的计算式中，正确的有（　　）。

A.P=A×（P/A，i，n）×（P/F，i，m）

B.P=A×（F/A，i，n）×（P/F，i，m）

C.P=A×［（P/A，i，m+n）-（P/A，i，m）］

D.P=A×（F/A，i，n）×（P/F，i，n+m）

2.26 下列关于证券资产组合的风险中，错误的有（　　）。

A.证券资产组合能消除大部分系统风险

B.证券资产组合的总规模越大，其所承担的总风险越大

C.方差最小的组合是所有组合中风险最小的组合

D.投资组合中资产数目较低时，增加资产的个数，分散风险的效应会比较明显

2.27 某投资者将10万资金平均投资于A、B两家公司的股票，假设两家公司股票的相关系数为ρ，下列说法中正确的有（　　）。

A.如果ρ=0，该投资组合也能降低风险

B.如果ρ=-1，则两只股票的风险可以充分消除

C.如果ρ=1，那么不能抵消任何风险

D.如果ρ越大，则该投组合的风险分散的效果也越大

2.28 下列证券资产投资组合中，组合风险小于组合加权平均风险的有（　　）。

A.两项证券资产收益的相关系数为0

B.两项证券资产收益的相关系数为-1

C.两项证券资产收益的相关系数为0.5

D.两项证券资产收益的相关系数为1

2.29 下列风险中，属于非系统风险的有（　　）。

A.经营风险　　B.利率风险　　C.政治风险　　D.财务风险

2.30 下列因素引起的风险，投资者可以通过投资组合予以分散的有（　　）。

A.银行调整利率水平　　B.公司劳资关系紧张

C.公司诉讼失败　　D.市场呈现疲软

2.31 下列关于单个证券投资风险度量指标的表述中，正确的有（　　）。

A.贝塔系数度量投资的系统风险

B.方差度量投资的系统风险和非系统风险

C.标准差仅度量投资的非系统风险

D.标准差率度量投资的单位期望收益率承担的系统风险和非系统风险

2.32 关于资本资产定价模型，下列说法正确的有（　　）。

A.该模型反映资产的必要收益率而不是实际收益率

B.该模型中的资本资产主要指的是债券资产

C.该模型解释了风险收益率的决定因素和度量方法

D.该模型反映了系统性风险对资产必要收益率的影响

2.33 下列各项中，一般属于约束性固定成本的有（　　）。

A.房屋租金　　B.职工培训费

C.管理人员的基本工资　　D.新产品研究开发费用

2.34 基于成本性态分析，对于企业推出的新产品所发生的混合成本，不适宜采用的混合成本分解方法有（　　）。

A.合同确认法　　B.工业工程法

C.高低点法　　D.回归分析法

三、判断题

2.35 永续年金由于收付款的次数无穷多，所以其现值无穷大。（　　）

2.36 必要收益率与投资者对风险的偏好有关。因此，如果某项资产的风险较低，那么投资者对该项资产要求的必要收益率就较低。（　　）

2.37 标准差率可用于收益率期望值不同的情况下的风险比较，标准差率越大，表明风险越大。（　　）

2.38 证券组合的风险水平不仅与组合中各证券的收益率标准差有关，而且与各证券收益率的相关程度有关。（　　）

2.39 根据证券投资组合理论，在其他条件不变的情况下，如果两项贷款的收益率具有完全正相关关系，则该证券投资组合不能够分散风险。（　　）

2.40 两项资产的收益率具有完全负相关关系时，则该两项资产的组合可以最大限度抵消非系统风险。（　　）

2.41 如果各单项资产的β系数不同，则可以通过调整资产组合中不同资产的构成比例改变组合的系统风险。（　　）

2.42 根据资本资产定价模型，A证券的系统性风险是B证券的两倍，则A证券的必要收益率是B证券的两倍。（　　）

2.43 变动成本是指在特定的业务量范围内，其总额会随业务量的变动而呈正比例变动的成本。（　　）

四、计算分析题

2.44　2018年年初，某公司购置一条生产线，有以下四种方案。

方案一：2020年年初一次性支付100万元。

方案二：2018年至2020年每年年初支付30万元。

方案三：2019年至2022年每年年初支付24万元。

方案四：2020年至2024年每年年初支付21万元。

已知：

n	1	2	3	4	5	6
（P/F，10%，n）	0.9091	0.8264	0.7513	0.6830	0.6209	0.5645
（P/A，10%，n）	0.9091	1.7355	2.4869	3.1699	3.7908	4.3553

要求：

（1）计算方案一付款方式下，支付价款的现值。

（2）计算方案二付款方式下，支付价款的现值。

（3）计算方案三付款方式下，支付价款的现值。

（4）计算方案四付款方式下，支付价款的现值。

（5）选择哪种付款方式更有利于公司。

2.45　甲公司现有一笔闲置资金，拟投资于某证券组合，该组合由X、Y、Z三种股票构成，资金权重分别为40%、30%和30%，β系数分别为2.5、1.5和1，其中X股票投资收益率的概率分布如下表所示。

状况	概率	投资收益率
行情较好	30%	20%
行情一般	50%	12%
行情较差	20%	5%

Y、Z股票的预期收益率分别为10%和8%，当前无风险利率为4%，市场组合的必要收益率为9%。

要求：

（1）计算X股票的预期收益率。

（2）计算该证券组合的预期收益率。

（3）计算该证券组合β系数。

（4）利用资本资产定价模型计算该证券组合的必要收益率，并据以判断该证券组合是否值得投资。

2.46 某公司拟进行股票投资，计划购买甲、乙两种股票，相关数据如下：

甲、乙两只股票的相关数据

	甲股票	乙股票
预期收益率	18%	15%
标准差	0.12	0.2
β 系数	1.5	1.2

为降低投资风险，该公司设计了A、B两种投资组合。已知在A投资组合中，甲股票的投资比重为60%，乙股票的投资比重为40%。而B投资组合的风险收益率为5.8%。假设同期股票市场组合的报酬率为12%，无风险报酬率为8%，甲、乙两只股票的相关系数为0.5。

要求：

（1）计算A投资组合的预期收益率。

（2）计算A投资组合收益率的标准差。

（3）计算A投资组合的β系数。

（4）计算B投资组合的β系数。

（5）计算B投资组合的必要收益率。

答案与解析

一、单项选择题

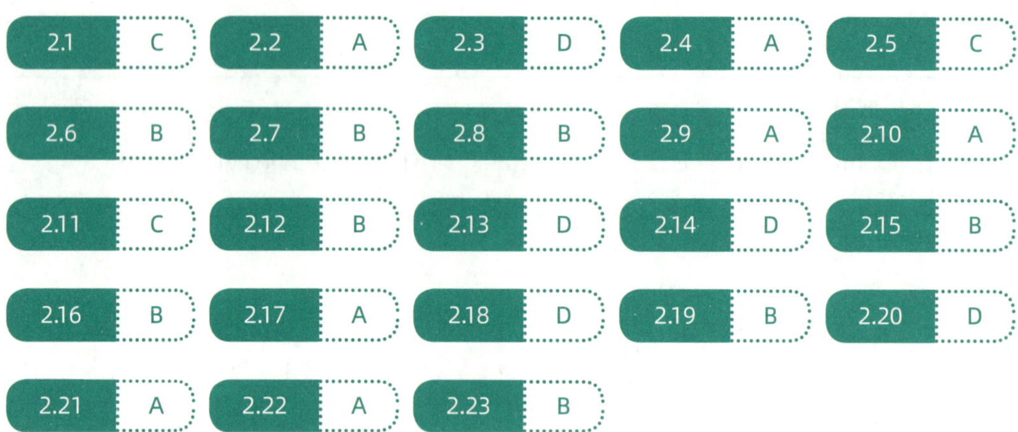

题号	答案	题号	答案	题号	答案	题号	答案	题号	答案
2.1	C	2.2	A	2.3	D	2.4	A	2.5	C
2.6	B	2.7	B	2.8	B	2.9	A	2.10	A
2.11	C	2.12	B	2.13	D	2.14	D	2.15	B
2.16	B	2.17	A	2.18	D	2.19	B	2.20	D
2.21	A	2.22	A	2.23	B				

二、多项选择题

题号	答案	题号	答案	题号	答案	题号	答案	题号	答案
2.24	ABCD	2.25	ACD	2.26	AB	2.27	ABC	2.28	ABC
2.29	AD	2.30	BC	2.31	ABD	2.32	ACD	2.33	AC
2.34	CD								

三、判断题

题号	答案	题号	答案	题号	答案	题号	答案	题号	答案
2.35	×	2.36	×	2.37	√	2.38	√	2.39	√
2.40	√	2.41	√	2.42	×	2.43	√		

一、单项选择题

2.1 斯尔解析 C 本题考查的是复利现值的计算。根据复利现值的基本计算式，（P/F，i，10）=1/（1+i）^{10}，（P/F，i，9）=1/（1+i）^{9}，因此1/（1+i）^{9}=1/（1+i）^{10}×（1+i），即（P/F，i，9）=（P/F，i，10）×（1+i），选项C正确。

2.2 斯尔解析 A 本题考查的是预付年金现值的计算。因本题按月分期支付，需将年利率转换为月利率，即12%÷12=1%。假设月初分期付款金额为A，则有：A×（P/A，1%，9）×（1+1%）=7 200，求得A=832.21（元），因此选项A正确。

注意：

解答本题的关键有两个：第一，换算月利率；第二，按预付年金计算。

2.3 斯尔解析 D 本题考查的是永续年金的计算。但需要注意的是，本题中的第一次支付发生在第1期期初，所以不是严格的永续年金。而从第1期期末（第2期期初）开始的永续支付才属于永续年金。所以现值=200+200/8%=2 700（元），或者现值=200/8%×（1+8%）=2 700（元），选项D正确。

2.4 斯尔解析 A 本题考查的是递延年金的现值计算。第3年年初开始有现金流出，即第2年年末开始连续5年每年年末现金流出100万元，因此站在第1年年末的视角来看，这属于五年期的普通年金。所以递延期为1年（m=1），年金个数为5年（n=5）的递延年金，因此可得P=100×（P/A，10%，5）×（P/F，10%，1），选项A正确。

2.5 斯尔解析 C 本题考查的是货币时间价值相关系数中互为倒数的关系。偿债基金系数与普通年金终值系数互为倒数，选项C正确。

提示：资本回收系数与普通年金现值系数互为倒数，复利现值系数与复利终值系数互为倒数。

2.6 斯尔解析 B 本题考查的是年资本回收额的计算。本题已知普通年金现值（“取得一笔贷款200 000元”）求年金（“每个月的应付金额”），属于年资本回收额计算的问题。由于贷款是按月支付，因此计息期利率为12%/12=1%，计息期为2×12=24期，排除选项ACD。假设每月还款金额为A元，则200 000=A×（P/A，1%，24），则A=200 000/（P/A，1%，24），选项B正确。很多同学看完题干后认为本题属于“年偿债基金”的计算，原因是题干中的小金是在“偿还”贷款，但这其实是落入了题目的圈套。判断其是年偿债基金还是资本回收额的关键是看清楚题目所给出的终值和现值，孰为已知条件，孰为未知条件。本题中，小金在当下所获得贷款是已知数，因此是典型的已知现值求未来所需支付年金的题目，即属于年资本回收额问题。

2.7 斯尔解析 B 本题考查的是通货膨胀情况下的名义利率与实际利率的关系。实际利率=（1+名义利率）/（1+通货膨胀率）−1=（1+6%）/（1+2%）−1=3.92%，选项B正确。

2.8 斯尔解析 B 本题考查的是复利计息方式下的利率计算问题。名义利率为10%，计息期利率为10%/2=5%，因此实际年利率=（1+r/m）^{m}−1=（1+5%）^{2}−1=10.25%，选项B正确。

2.9 斯尔解析 A 本题考查的是运用插值法求解利率的问题。根据题目可知，P=21，A=5，n=5，则21=5×（P/A，i，5），即（P/A，i，5）=4.2，因此：（7%-i%）/（7%-6%）=（4.1002-4.2）/（4.1002-4.2124），求得：i=6.11%，选项A正确。

2.10 斯尔解析 A 本题考查的是资产收益率的计算问题。无风险利率=纯粹利率+通货膨胀补偿率=1.8%+2%=3.8%，必要收益率=无风险利率+风险收益率=3.8%+6%=9.8%，选项A正确。

2.11 斯尔解析 C 本题考查的是资产风险的衡量问题。该项目收益率的标准差率=2%/14%=14.29%，选项C正确。

2.12 斯尔解析 B 本题考查的是资产的收益率类型。期望收益率是指在不确定的条件下，预测的某资产未来可能实现的收益率，一般按照加权平均法计算，符合题干描述，选项B正确。

提示：

（1）在各种不确定因素的影响下，期望收益率代表着投资者的合理预期，但不反映风险。

（2）期望收益率也叫预期收益率。

（3）必要收益率是投资者对某资产合理要求的最低收益率。

2.13 斯尔解析 D 本题考查的是投资组合的风险与收益的问题。系统性风险是不能通过投资组合分散的，选项A错误；投资组合的总规模越大，绝大多数非系统风险均已被消除掉，而不会增大风险，选项B错误；投资组合的方差越小，反映投资组合收益的波动性越小，但这并不意味着其报酬更高，选项C错误；在资产组合中的资产数目较低时，增加资产的个数，分散风险的效应会比较明显，但资产数目增加到一定程度时，风险分散效应会逐渐减弱，选项D正确。

2.14 斯尔解析 D 本题考查的是投资组合的风险。证券投资组合的风险包括非系统性风险和系统性风险。非系统性风险又叫可分散风险或公司特定风险，可以通过投资组合分散掉，当股票种类足够多时，几乎能把所有的非系统性风险分散掉，选项D正确；系统性风险又称不可分散风险或市场风险，不能通过证券组合分散掉，选项ABC错误。

2.15 斯尔解析 B 本题考查的是投资组合的风险与收益问题，有一定难度。当两个方案收益的期望值不同时，比较风险只能借助于标准离差率这一相对指标。标准差率=标准差/期望值，标准差率越大，风险越大；反之，标准差率越小，风险越小。甲方案标准差率=300/1 000=0.3，乙方案标准差率=330/1 200=0.275，因此甲方案的风险大于乙方案，选项B正确。

2.16 斯尔解析 B 本题考查的是风险衡量指标。贝塔系数是用于衡量系统风险的指标，标准差率和方差是用于衡量总风险的指标，选项ACD均可以用于衡量风险。期望值是用于衡量收益的指标，无法衡量风险，因此选项B正确。

2.17 斯尔解析 A 本题考查风险管理对策。风险规避是指回避、停止或退出蕴含某一风险的商业活动或商业环境，避免成为风险的所有人。例如，退出某一市场以避免激烈竞争；拒绝与信用不好的交易对手进行交易；禁止各业务单位在金融市场上进行投机，选项A正确。

2.18 斯尔解析 D 本题考查风险管理对策。风险转移是指通过合同将风险转移到第三方，企业对转移后的风险不再拥有所有权，转移风险不会降低其可能的严重程度，只是从一方移除后转移到另一方。例如，购买保险；采取合营方式实现风险共担，选项D正确。

2.19 斯尔解析 B 本题考查风险管理对策。风险对冲是指引入多个风险因素或承担多个风险，使得这些风险能互相冲抵。风险对冲不是针对单一风险，而是涉及风险组合。例如，资产组合使用、多种外币结算的使用和战略上的多种经营，选项ACD不当选；采取合营方式实现风险共担，属于风险转移，选项B当选。

2.20 斯尔解析 D 本题考查的是成本性态的类型。酌量性固定成本是指管理当局的短期经营决策行动能改变其数额的固定成本，其发生额是根据企业的经营方针由经理人员决定的，但并非可有可无，它关系到企业的竞争能力。如广告费、职工培训费、新产品研究开发费用等，因此选项D正确。

2.21 斯尔解析 A 本题考查的是成本性态的类型。技术性变动成本是指与产量有明确的技术或设计关系的变动成本。企业生产产品所耗用直接材料成本属于技术性变动成本，因此选项A正确。

2.22 斯尔解析 A 本题考查的是成本性态的类型。技术性变动成本也称约束性变动成本，是指由技术或设计关系所决定的变动成本。如生产一台汽车需要耗用一台引擎、一个底盘和若干轮胎等，这种成本只要生产就必然会发生，如果不生产，则不会发生。因此，生产设备的主要零部件成本属于技术性变动成本，选项A正确；加班工资、销售佣金和技术转让费属于酌量性变动成本，选项BCD错误。

2.23 斯尔解析 B 本题考查的是混合成本类型的辨析。半变动成本是指有一个初始固定基数（月租费），类似于固定成本，在此基数之上的其余部分，则随着业务量的增加呈正比例增加（每分钟的通话费），类似于变动成本，因此选项B正确。

二、多项选择题

2.24 斯尔解析 ABCD 本题考查的是货币时间价值系数之间的换算。货币时间价值系数中，共有三组系数是互为倒数关系，除了本题选项AB之外，还有复利现值系数×复利终值系数=1。另外，请同学们牢记：普通年金与预付年金的关系，无论是终值还是现值，均是在普通年金的基础上乘以（1+折现率），因此选项ABCD均正确。

2.25 斯尔解析 ACD 本题考查的是递延年金的计算方法。递延年金现值有三种计算方法：

第一种方法（两次折现法）：P=A×（P/A，i，n）×（P/F，i，m）；

第二种方法（年金做差法）：P=A×［（P/A，i，m+n）-（P/A，i，m）］；

第三种方法（回头是岸法，较少见）：P=A×（F/A，i，n）×（P/F，i，n+m），因此选项ACD正确。

2.26 斯尔解析 AB 本题考查的是证券资产组合的风险。系统风险是不可分散的，无法通过投资组合全部消除，选项A说法错误。证券资产组合的规模越大，分散的非系统风险越多，其所承担的总风险越小，选项B说法错误。特别说明选项D，投资组合中资产数目较低时，增加资产的个数，分散风险的效应会比较明显，但资产数目增加到一定程度时风险分散的效应就会逐渐减弱。

2.27 斯尔解析 ABC 本题考查的是相关系数的含义。ρ =0时，该资产组合内的两只股票缺乏相关，但仍可以降低风险，选项A正确；ρ =−1时，该资产组合可以充分消除或最大程度地消除风险，选项B正确；ρ =1时，该资产组合不能抵消任何风险，选项C正确；如果ρ越大，意味着两只股票的收益率变化方向以及变化幅度越相同（即相关程度越高），此时风险分散的效果越小，选项D错误。

2.28 斯尔解析 ABC 本题考查的是相关系数的含义。相关系数的区间位于［−1，1］之间。当相关系数为1，即两项证券资产的收益率完全正相关时，不能分散风险，选项D错误；只要相关系数小于1，投资组合就可以分散风险，投资组合的风险就小于各单项资产的加权平均数，选项ABC正确。

2.29 斯尔解析 AD 本题考查的是系统风险与非系统风险的辨析。非系统风险，是指发生于个别公司的特有事件造成的风险。它是非预期的、随机发生的，它只影响一个公司或少数公司，不会对整个市场产生太大影响。经营风险与财务风险属于典型的非系统风险，选项AD正确。系统风险又被称为市场风险或不可分散风险，是影响所有资产的、不能通过资产组合而消除的风险。这部分风险是由影响整个市场的风险因素所引起的。这些因素包括宏观经济形势的变动、国家经济政策的变化、税制改革、企业会计准则改革、世界能源状况、政治因素等等。利率风险和政治风险属于典型的系统风险，选项BC错误。

2.30 斯尔解析 BC 本题考查的是系统风险与非系统风险的辨析。投资者通过投资组合予以分散的风险属于非系统风险。选项AD均为系统性风险，无法通过投资组合予以分散；选项BC作为非系统风险，可以通过投资组合分散。

2.31 斯尔解析 ABD 本题考查的是单项资产的风险衡量指标。方差、标准差、标准差率度量投资的总风险（包括系统风险和非系统风险），贝塔系数度量投资的系统风险，选项C错误。

注意：选项D本质上是标准差率的公式释义，同学们需要对这类变形表述引起重视。

2.32 斯尔解析 ACD 本题考查的是对资本资产定价模型的理解。该模型所计算的R表示某资产的必要收益率，选项A正确；该模型中的资产主要指的是股票资产，选项B错误；风险收益率指的是$\beta\times(R_m-R_f)$，该表达式解释了风险收益率的决定因素和度量方法，选项C正确；该模型只考虑了系统风险，没有考虑非系统风险，这是因为非系统风险可以通过资产组合消除，选项D正确。

2.33 斯尔解析 AC 本题考查的是成本性态的类型。约束性固定成本是指管理当局的短期经营决策不能改变其具体数额的固定成本，是生产能力一经形成就必然要发生的最低支出。选项AC属于约束性固定成本，选项BD属于酌量性固定成本。

2.34 斯尔解析 CD 本题考查的是混合成本的分解。选项CD都属于历史成本分析的方法，它们仅限于有历史成本资料数据的情况，而新产品并不具有足够的历史数据，因此选项CD正确。

三、判断题

2.35 斯尔解析 × 本题考查的是永续年金现值。根据公式，永续年金现值=A/i，存在具体数值，不是无穷大的，因此本题说法错误。

注意：永续年金的终值是无穷大的。

2.36 斯尔解析 × 本题考查的是必要收益率的含义以及风险收益率的影响因素。必要收益率表示投资者对某资产合理要求的最低收益率，由无风险收益率和风险收益率两部分组成。其中，风险收益率的大小取决于两个因素：一是风险的大小；二是投资者对风险的偏好。本题描述的是风险的大小对于风险收益率的影响，而非投资者对风险的偏好对于风险收益率的影响。单独看本题的两句话都是正确的，但前后衔接的逻辑不对，因此本题说法错误。

2.37 斯尔解析 √ 本题考查的是标准差率的含义。标准差率是一个相对指标，它以相对数反映决策方案的风险程度。方差和标准差作为绝对数，只适用于期望值相同的决策方案风险程度的比较。对于期望值不同的决策方案，评价和比较其各自的风险程度只能借助于标准差率这一相对数值。在期望值不同的情况下，标准差率越大，风险越大；反之，标准差率越小，风险越小，因此本题说法正确。

2.38 斯尔解析 √ 本题考查的是证券资产组合的风险。根据两项证券资产组合收益率方差的计算公式可知，证券组合的风险水平不仅与组合中各证券的收益率标准差有关，而且与各证券收益率的相关程度有关，因此本题说法正确。

2.39 斯尔解析 √ 本题考查的是证券资产组合的风险。完全正相关的两项资产的收益率变化方向和变化幅度完全相同，即相关系数=1，这样的组合不能降低任何风险，因此本题说法正确。

2.40 斯尔解析 √ 本题考查的是证券资产组合的风险。当两项资产的收益率完全负相关时，相关系数=-1，“一个赚，一个赔，且幅度一样”，这样两项资产的非系统风险可以充分地相互抵消，因此本题说法正确。

2.41 斯尔解析 √ 本题考查的是证券资产组合的β系数。证券资产组合的β系数是所有单项资产系数的加权平均数，可以通过调整资产组合中不同资产的构成比例改变组合的系统风险，因此本题说法正确。

2.42 斯尔解析 × 本题考查的是资本资产定价模型的基本公式，有一定难度。某资产的必要收益率=$R_f+\beta\times(R_m-R_f)$，若A证券的系统性风险是B证券的两倍，则A证券的风险收益率［$\beta\times(R_m-R_f)$］是B证券的两倍，但A证券的必要收益率小于B证券必要收益率的两倍，因此本题说法错误。

2.43 斯尔解析 √ 本题考查的是成本性态的定义。变动成本是指在特定的业务量范围内，其总额因业务量的变动而呈正比例变动的成本，因此本题说法正确。

四、计算分析题

2.44 斯尔解析 本题考查的是复利现值与年金现值的计算。

（1）100×（P/F，10%，2）=100×0.8264=82.64（万元）

（2）以2018年年初为时点0，则第一笔年金发生于2018年年初（时点0），属于预付年金。30×（P/A，10%，3）×（1+10%）=30×2.4869×1.1=82.07（万元）。或：30+30×（P/A，10%，2）=30+30×1.7355=82.07（万元）。

（3）以2018年年初为时点0，则第一笔年金发生于2019年年初（时点1），属于普通年金。24×（P/A，10%，4）=24×3.1699=76.08（万元）。

（4）以2018年年初为时点0，则第一笔年金发生于2020年年初，即第2年年末，属于递延年金，则：递延期=2-1=1；支付期为2020年至2024年，共5期。

21×（P/A，10%，5）×（P/F，10%，1）=21×3.7908×0.9091=72.37（万元）

（5）由于方案四的付款额现值最小，所以应该选择方案四。

2.45 斯尔解析 本题考查的是投资组合风险与收益的计算。

（1）X股票的预期收益率=30%×20%+50%×12%+20%×5%=13%

（2）该证券组合的预期收益率=40%×13%+30%×10%+30%×8%=10.6%

（3）该证券组合的β系数=40%×2.5+30%×1.5+30%×1=1.75

（4）该证券组合的必要收益率=4%+1.75×（9%-4%）=12.75%，由于该证券组合的必要收益率12.75%大于该证券组合的预期收益率10.6%，所以该证券组合不值得投资。

2.46 斯尔解析 本题考查的是投资组合风险与收益的计算。

（1）A投资组合的预期收益率=60%×18%+40%×15%=16.8%

（2）两种证券资产组合的收益率的标准差满足以下关系式：

因此，A投资组合收益率的标准差

$$\sigma=\sqrt{w_A^2\sigma_A^2+w_B^2\sigma_B^2+2w_Aw_B\rho_{A,B}\sigma_A\sigma_B}$$

$$=\sqrt{(60\%\times0.12)^2+(40\%\times0.2)^2+2\times60\%\times40\%\times0.5\times0.12\times0.2}$$

$$=0.13$$

（3）A投资组合的β系数=60%×1.5+40%×1.2=1.38

（4）因为B投资组合的风险收益率为5.8%，即$\beta\times(R_m-R_f)=5.8\%$，因此B投资组合的β系数=5.8%/（12%-8%）=1.45。

（5）B投资组合的必要收益率=$R_f+\beta\times(R_m-R_f)$=8%+5.8%=13.8%

第三章　预算管理

使用斯尔教育APP
扫码看解析做好题

一、单项选择题

3.1　下列各项中，对企业预算管理工作负总责的组织是（　　）。

A.财务部　　B.董事会　　C.监事会　　D.股东

3.2　下列各项中，不属于预算编制方法的是（　　）。

A.固定预算与弹性预算　　B.增量预算与零基预算

C.定性预算与定量预算　　D.定期预算与滚动预算

3.3　下列各项中，不属于零基预算法特点的是（　　）。

A.以零为起点编制预算，不受历史期经济活动中不合理因素的影响，能够灵活应对内外环境的变化，预算编制更贴近预算期企业经济活动的需要

B.可能导致无效费用开支无法得到有效控制，使得不必要开支合理化，造成预算上的浪费

C.有助于增加预算编制的透明度，有利于进行预算控制

D.预算编制工作量较大、成本较高

3.4　相对于增量预算，下列关于零基预算的表述中，错误的是（　　）。

A.预算编制成本相对较高　　B.预算编制工作量相对较少

C.以零为起点编制预算　　D.不受历史期不合理因素的影响

3.5　某企业制造费用中的修理费用与修理工时密切相关。经测算，公司2021年修理费用中的固定修理费用为3 000元，单位工时的变动修理费用为2元，预计修理工时为3 500小时，于是就将2021年修理费用预算简单地确定为10 000元（3 000+2×3 500）。根据以上信息，该企业编制预算的方法是（　　）。

A.零基预算法　　B.固定预算法

C.弹性预算法　　D.滚动预算法

3.6　下列各项中，不属于经营预算的是（　　）。

A.资金预算　　B.销售预算

C.销售费用预算　　D.直接材料预算

3.7　下列各项中，不属于销售预算编制内容的是（　　）。

A.销售收入　　B.单价

C.销售费用　　D.销售量

3.8 下列关于生产预算的表述中，错误的是（　　）。

A.生产预算是一种经营预算

B.生产预算不涉及实物量指标

C.生产预算以销售预算为基础编制

D.生产预算是直接材料预算的编制依据

3.9 企业每季度预计期末产成品存货为下一季度预计销售量的10%，已知第二季度预计销售量为2 000件，第三季度预计销售量为2 200件，则第二季度产成品预计产量为（　　）件。

A.2 020　　B.2 000　　C.2 200　　D.2 220

3.10 丙公司预计2016年各季度的销售量分别为100件、120件、180件、200件；预计每季度末产成品存货为下一季度销售量的20%，丙公司第二季度预计生产量为（　　）件。

A.156　　B.132　　C.136　　D.120

3.11 某企业2020年第三、四季度分别计划生产1 500件和2 000件产品，单位产品材料用量为5千克，第二季度末材料库存量为800千克。假设季末材料存量按照下季度生产耗用材料的20%确定，材料采购价格为10元/千克，则该企业第三季度材料采购金额为（　　）元。

A.78 000　　B.75 000　　C.87 000　　D.67 000

3.12 某企业正编制8月份的“现金预算”，预计8月初短期借款为100万元，月利率为1%。该企业不存在长期负债，预计8月现金余缺为-50万元，现金不足时，通过银行借款解决（利率不变），借款额为1万元的倍数，8月末现金余额要求不低于10万元。假设企业每月支付一次利息，借款发生在当月期初，还款发生在当月期末，则应向银行借款的最低金额为（　　）万元。

A.60　　B.61　　C.62　　D.63

3.13 下列关于专门决策预算的说法中，不正确的是（　　）。

A.专门决策预算又称资本支出预算

B.编制依据是项目财务可行性分析资料以及企业筹资决策资料

C.与资金预算和预计资产负债表的编制无关

D.是编制现金预算和预计资产负债表的依据

二、多项选择题

3.14 与增量预算编制方法相比，零基预算编制方法的优点有（　　）。

A.编制工作量小

B.更贴近预算期企业经济活动的需要

C.可以避免前期不合理费用项目的干扰

D.有利于增加预算编制的透明度

3.15 下列各项中，以生产预算为编制基础的有（ ）。

A.直接人工预算 B.变动制造费用预算

C.销售预算 D.管理费用预算

3.16 在编制生产预算时，计算某种产品预计生产量应考虑的因素包括（ ）。

A.预计材料采购量 B.预计产品销售量

C.预计期初产品存货量 D.预计期末产品存货量

3.17 在全面预算体系中，编制产品成本预算的依据有（ ）。

A.制造费用预算 B.生产预算

C.直接人工预算 D.直接材料预算

3.18 下列营业预算中，通常需要预计现金支出的有（ ）。

A.生产预算 B.销售费用预算

C.直接材料预算 D.制造费用预算

3.19 在企业编制的下列预算中，属于财务预算的有（ ）。

A.制造费用预算 B.资本支出预算

C.预计资产负债表 D.预计利润表

3.20 下列各项预算中，与编制预计利润表直接相关的有（ ）。

A.销售预算 B.生产预算

C.产品成本预算 D.销售及管理费用预算

3.21 下列选项中，属于预计利润表编制依据的有（ ）。

A.销售预算 B.现金预算

C.产品成本预算 D.资产负债表预算

3.22 下列各项中，能够成为预计资产负债表中存货项目金额来源的有（ ）。

A.销售费用预算 B.直接人工预算

C.直接材料预算 D.产品成本预算

3.23 在预算执行过程中，可能导致预算调整的情形有（ ）。

A.原材料价格大幅上涨 B.公司进行重大资产重组

C.主要产品市场需求大幅下降 D.营改增导致公司税负大幅下降

三、判断题

3.24 增量预算有利于调动各个方面节约预算的积极性，并促使各基层单位合理使用资金。（ ）

3.25 增量预算是以零为起点编制预算，不受历史期经济活动中不合理因素的影响，能够灵活应对内外环境的变化，预算编制更贴近预算期企业经济活动的需要。 （ ）

3.26 与增量预算法相比，采用零基预算法编制预算的工作量较大、成本较高。 （ ）

3.27 滚动预算可以实时动态反映市场、建立跨期综合平衡，从而有效指导企业运营，强化预算的决策与控制职能。 （ ）

3.28 根据预算编制程序，董事会负责确定预算目标并下达至各预算执行单位。 （ ）

3.29 在预算编制过程中，企业销售预算一般应当在生产预算的基础上编制。 （ ）

3.30 在产品成本预算中，产品成本总预算金额是将直接材料、直接人工、制造费用、销售及管理费用的预算金额汇总相加而得到的。 （ ）

四、计算分析题

3.31 丁公司采用逐季滚动预算和零基预算相结合的方法编制制造费用预算，相关资料如下：

资料一：2012年分季度的制造费用预算如表所示。

项目	第一季度	第二季度	第三季度	第四季度	合计
直接人工预算总工时（小时）	11 400	12 060	12 360	12 600	48 420
变动制造费用（元）	91 200	*	*	*	387 360
其中：间接人工费用	50 160	53 064	54 384	55 440	213 048
固定制造费用（元）	56 000	56 000	56 000	56 000	224 000
其中：					
设备租金	48 500	48 500	48 500	48 500	194 000
生产准备与车间管理费	*	*	*	*	*

注意：表中“*”表示省略的数据。

资料二：2012年第二季度至2013年第一季度滚动预算期间。将发生如下变动：

（1）直接人工预算总工时为50 000小时；

（2）间接人工费用预算工时分配率将提高10%；

（3）2012年第一季度末重新签订设备租赁合同，新租赁合同中设备年租金将降低20%。

资料三：2012年第二季度至2013年第一季度，公司管理层决定将固定制造费用总额控制在185 200元以内，固定制造费用由设备租金、生产准备费用和车间管理费组成，其中设备租金属于约束性固定成本，生产准备费和车间管理费属于酌量性固定成本，根据历史资料分析，生产准备费的成本效益远高于车间管理费。为满足生产经营需要，车间管理费总预算额的控制区间为12 000元～15 000元。

要求：

（1）根据资料一和资料二，计算2012年第二季度至2013年第一季度滚动期间的下列指标：

①间接人工费用预算工时分配率；

②间接人工费用总预算额；

③设备租金总预算额。

（2）根据资料二和资料三，在综合平衡基础上根据成本效益分析原则，完成2012年第二季度至2013年第一季度滚动期间的下列事项：

①确定车间管理费用总预算额；

②计算生产准备费总预算额。

3.32 甲公司编制销售预算的相关资料如下：

资料一：甲公司预计每季度销售收入中，有70%在本季度收到现金，30%于下一季度收到现金，不存在坏账。2016年年末应收账款余额为6 000万元。假设不考虑增值税及其影响。

资料二：甲公司2017年的销售预算如下表所示。

甲公司2017年销售预算金额　　　　单位：万元

季度	一	二	三	四	全年
预计销售量（万件）	500	600	650	700	2 450
预计单价（元/件）	30	30	30	30	30
预计销售收入	15 000	18 000	19 500	21 000	73 500
预计现金收入	—	—	—	—	—
上年应收账款	*	—	—	—	*
第一季度	*	*	—	—	*
第二季度	—	（B）	*	—	*
第三季度	—	—	*	（D）	*
第四季度	—	—	—	*	*
预计现金收入合计	（A）	17 100	（C）	20 550	*

注：表内的“*”为省略的数值。

要求：

（1）确定表格中字母所代表的数值（不需要列示计算过程）。

（2）计算2017年年末预计应收账款余额。

3.33 甲公司编制资金预算的相关资料如下：

资料一：甲公司预计2018年每季度的销售收入中，有70%在本季度收到现金，30%在下一季度收到现金，不存在坏账。2017年年末应收账款余额为零。不考虑增值税及其他因素的影响。

资料二：甲公司2018年年末各季度的资金预算如下表所示：

甲公司2018年各季度资金预算　　　　单位：万元

季度	一	二	三	四
期初现金余额	500	（B）	1 088	1 090
预计销售收入	2 000	3 000	4 000	3 500
现金收入	（A）	2 700	（C）	3 650
现金支出	1 500	*	3 650	1 540
现金余缺	*	−700	*	（D）
向银行借款	*	*	*	*
归还银行借款及利息	*	*	*	*
期末现金余额	1 000	*	*	*

注：表内“*”为省略的数值。

要求：

（1）计算2018年年末预计应收账款余额。

（2）计算表中用字母代表的数值。

答案与解析

一、单项选择题

题号	答案	题号	答案	题号	答案	题号	答案	题号	答案
3.1	B	3.2	C	3.3	B	3.4	B	3.5	C
3.6	A	3.7	C	3.8	B	3.9	A	3.10	B
3.11	C	3.12	C	3.13	C				

二、多项选择题

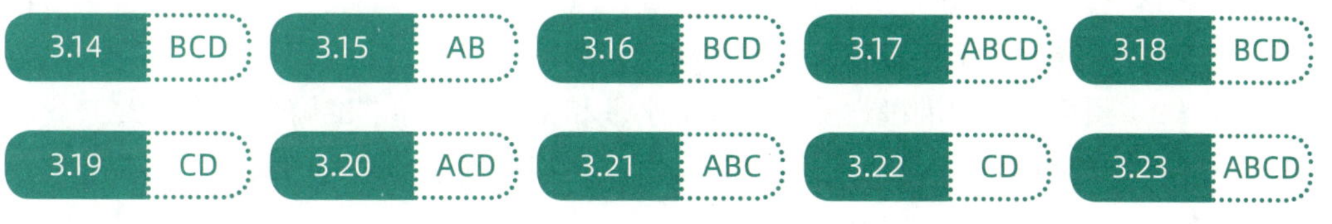

题号	答案	题号	答案	题号	答案	题号	答案	题号	答案
3.14	BCD	3.15	AB	3.16	BCD	3.17	ABCD	3.18	BCD
3.19	CD	3.20	ACD	3.21	ABC	3.22	CD	3.23	ABCD

三、判断题

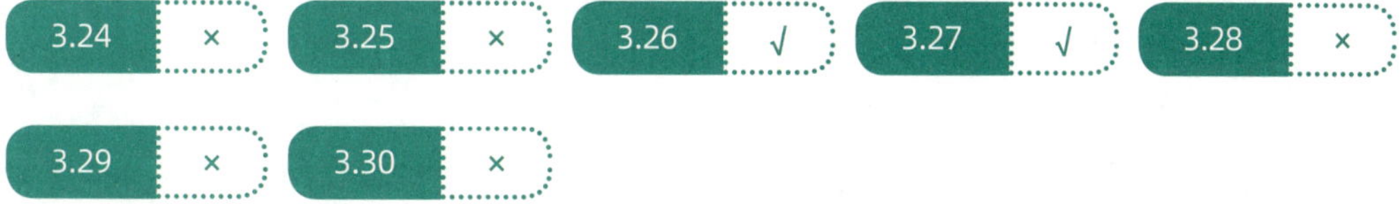

题号	答案	题号	答案	题号	答案	题号	答案	题号	答案
3.24	×	3.25	×	3.26	√	3.27	√	3.28	×
3.29	×	3.30	×						

一、单项选择题

3.1 斯尔解析 B 本题考查的是预算管理工作的组织及其相关职责。企业董事会或类似机构应当对企业预算的管理工作负总责，选项B正确；监事会和股东在预算管理工作中并未承担相关职责，选项CD错误；财务部在预算管理工作中更多从事的是“粗活累活”，而非负总责，选项A错误。

3.2 斯尔解析 C 本题考查的是预算编制方法的类型。预算编制方法通常包括固定预算与弹性预算、增量预算与零基预算、定期预算与滚动预算等，因此选项C当选。

3.3 斯尔解析 B 本题考查的是零基预算法的特点。

零基预算法的优点表现在：

（1）以零为起点编制预算，不受历史期经济活动中不合理因素的影响，能够灵活应对内外环境的变化，预算编制更贴近预算期企业经济活动的需要（选项A）；

（2）有助于增加预算编制的透明度，有利于进行预算控制（选项C）。

其缺点主要表现在：

（1）预算编制工作量较大、成本较高（选项D）；

（2）预算编制的准确性受企业管理水平和相关数据标准准确性影响较大。

选项ACD均属于零基预算法的特点，选项B属于增量预算法的缺陷，不是零基预算法的特点，因此选项B当选。

3.4 斯尔解析 B 本题考查的是零基预算与增量预算的对比。增量预算法以过去的费用发生水平为基础，主张不需要在预算内容上做较大的调整；而零基预算不以历史期经济活动及其预算为基础（选项D说法正确），以零为起点（选项C说法正确），从实际需要出发进行分析，所以编制工作量较大（选项B说法错误）、成本较高（选项A说法正确）。

3.5 斯尔解析 C 本题考查的是预算编制方法的判断。本题中，该企业修理费用预算的确定过程符合总成本性态模型（y=a+bx），包括固定成本（3 000元）、弹性定额（2元）、预计业务量（3 500小时），属于弹性预算法中的公式法，因此选项C正确。

3.6 斯尔解析 A 本题考查的是全面预算体系的构成。全面预算体系包括经营预算、专门决策预算和财务预算，选项A属于财务预算的内容，选项BCD均属于经营预算，因此选项A当选。

3.7 斯尔解析 C 本题考查的是销售预算的编制原理。销售预算的主要内容是销量、单价和销售收入，其基本原理为“销售收入=销量×单价”，因此选项ABD属于销售预算编制内容；销售费用属于销售及管理费用预算的内容，因此选项C不属于销售预算编制内容，当选。

3.8 斯尔解析 B 本题考查的是生产预算的编制原理。在生产预算中，只涉及实物量指标，不涉及价值量指标，因此选项B错误。

3.9 斯尔解析 A 本题考查的是生产预算的编制。第二季度预计产量=第二季度销售量+第二季度期末库存−第二季度期初库存，第二季度期末产成品存货=2 200×10%=220（件），第二季度期初产成品存货=2 000×10%=200（件），

因此，第二季度预计产量=2 000+220-200=2 020（件），选项A正确。

3.10 斯尔解析 B 本题考查的是生产预算的编制。第二季度预计产量=第二季度销售量+第二季度期末库存-第二季度期初库存，第二季度期末产成品存货=180×20%=36（件），第二季度期初产成品存货=120×20%=24（件），因此，第二季度预计产量=120+36-24=132（件），选项B正确。

3.11 斯尔解析 C 本题考查的是直接材料预算的编制。第三季度材料采购量=生产需用量+期末材料存量-期初材料存量=1 500×5+2 000×5×20%-800=8 700（千克），则第三季度的采购金额=8 700×10=87 000（元），选项C正确。

3.12 斯尔解析 C 本题考查的是资金预算的编制。假设借入的借款为X万元，则8月份支付的利息=（100+X）×1%，则-50-（100+X）×1%+X≥10，X≥61.62（万元），因为X为1万元的倍数，所以X取最小值62，即应向银行借款的最低金额为62万元，选项C正确。

3.13 斯尔解析 C 本题考查的是专门决策预算的编制。专门决策预算主要是长期投资预算（又称资本支出预算），通常是指与项目投资决策相关的专门预算，它往往涉及长期建设项目的资金投放与筹集，并经常跨越多个年度，选项A说法正确；编制专门决策预算的依据是项目财务可行性分析资料以及企业筹资决策资料，选项B说法正确；专门决策预算的要点是准确反映项目资金投资支出与筹资计划，它同时也是编制资金预算和预计资产负债表的依据，选项D说法正确、选项C说法错误，因此选项C当选。

注意：专门决策预算不是编制预计利润表的依据。

二、多项选择题

3.14 斯尔解析 BCD 本题考查的是增量预算与零基预算编制方法特点的辨析。增量预算可能导致无效费用开支无法得到有效控制，使得不必要开支合理化，造成预算上的浪费。

零基预算的特点包括：

（1）以零为起点编制预算，不受历史期经济活动中不合理因素的影响，能够灵活应对内外环境的变化，预算编制更贴近预算期企业经济活动的需要（选项BC正确）；

（2）有助于增加预算编制的透明度，有利于进行预算控制（选项D正确）；

（3）编制工作量大，成本较高（选项A错误）。

3.15 斯尔解析 AB 本题考查的是全面预算体系的勾稽关系。销售预算是整个预算的编制起点，也是编制其他有关预算的基础，选项C错误；管理费用预算多属于固定成本，一般是以过去的实际开支为基础，按预算期的可预见变化进行调整，因此并不以生产预算为编制基础，选项D错误，因此选项AB当选。

3.16 斯尔解析 BCD 本题考查的是生产预算的编制原理。预计生产量=预计销售量+预计期末产成品存货-预计期初产成品存货，因此选项BCD正确。

3.17 斯尔解析 ABCD 本题考查的是产品成本预算的基本原理。产品成本预算是销售预算、生产预算、直接材料预算、直接人工预算、制造费用预算的汇总，因此选项ABCD正确。

注意：销售及管理费用预算不是编制产品成本预算的依据。

3.18 斯尔解析 BCD 本题考查的是经营预算与资金预算的关系。在全面预算体系中，生产预算只涉及实物量指标，不涉及价值量指标，也不需要预计现金收支，因此选项BCD正确。

注意：除了生产预算外，产品成本预算也不涉及预计现金收支问题。

3.19 斯尔解析 CD 本题考查的是财务预算的构成。财务预算是指与企业资金收支、财务状况或经营成果等有关的预算，包括资金预算、预计资产负债表、预计利润表等，选项CD正确；制造费用预算属于经营预算，选项A错误；资本支出预算属于专门预算，选项B错误。

3.20 斯尔解析 ACD 本题考查的是预计利润表的编制原理。利润表中，“销售收入”项目的数据来自销售预算，选项A正确；生产预算只涉及实物量指标，不涉及价值量指标，所以生产预算与预计利润表的编制不直接相关，选项B错误；“销售成本”项目的数据来自产品成本预算，选项C正确；“销售及管理费用”项目的数据来自销售及管理费用预算，选项D正确。

3.21 斯尔解析 ABC 本题考查的是全面预算体系的勾稽关系。编制预计利润表的依据是各经营预算、专门决策预算和资金预算，因此选项ABC正确；预计利润表是编制预计资产负债表的依据，因此选项D错误。

3.22 斯尔解析 CD 本题考查的是预计资产负债表的编制原理。“存货”包括直接材料和产成品，直接材料预算和产品成本预算能够成为预计资产负债表中存货项目金额来源，选项CD正确；但需要注意的是，直接人工预算仅仅是产品成本预算的一部分，无法直接构成存货项目的金额来源，从“最佳选项”的角度，选项B不当选。

3.23 斯尔解析 ABCD 本题考查的是预算调整的情形。年度预算经批准后，原则上不作调整。当内外战略环境发生重大变化或突发重大事件等，导致预算编制的基本假设发生重大变化时，可进行预算调整。具体做题过程中，核心是要抓住关键词，如“大幅度”“重大”“大幅”这些程度副词表明了“重大变化”，因此选项ABCD正确。

三、判断题

3.24 斯尔解析 × 本题考查的是增量预算的特点。增量预算可能导致无效费用开支项目无法得到有效控制，使得不必要开支合理化，造成预算上的浪费，因此本题说法错误。

3.25 斯尔解析 × 本题考查的是增量预算与零基预算的特点辨析。题干所述的是零基预算法的定义和优点，因此本题说法错误。

3.26 斯尔解析 √ 本题考查的是零基预算与增量预算的特点对比。零基预算法的缺点主要体现在：一是预算编制工作量较大、成本较高；二是预算编制的准确性受企业管理水平和相关数据标准准确性影响较大，因此本题说法正确。

3.27 斯尔解析 √ 本题考查的是滚动预算的优缺点。本题说法正确。

3.28 斯尔解析 × 本题考查的是预算编制的程序。董事会负责确定预算目标，预算管理委员会将目标下达至各预算执行单位，因此本题说法错误。

3.29 斯尔解析 × 本题考查的是全面预算体系中各类预算的勾稽关系。生产预算是为规划预算期生产规模而编制的一种业务预算，它是在销售预算的基础上编制的，并可以作为编制直接材料预算和产品成本预算的依据，因此本题说法错误。

注意：销售预算是预算编制的起点。

3.30 斯尔解析 × 本题考查的是产品成本预算的含义。产品成本预算是销售预算、生产预算、直接材料预算、直接人工预算、制造费用预算的汇总，但是不包括销售及管理费用预算，因此本题说法错误。

四、计算分析题

3.31 斯尔解析 本题考查的是滚动预算法下的预算编制，灵活性较高，有一定难度。

（1）

①间接人工费用预算工时分配率=（213 048/48 420）×（1+10%）=4.84（元/小时）

说明：根据题目表格提示，间接人工费用属于变动制造费用，在计算变动制造费用小时分配率（即本题中所要求的间接人工费用预算工时分配率）时，分母应选用“人工总工时”（或在本题中称为“预算工时”），此时“人工总工时”就是“直接人工预算总工时”，这是在计算“分配率”时的一种默认算法，同学们千万别去找“间接人工预算总工时”，并不存在相关数据。

②间接人工费用总预算额=预算总工时×间接人工费用预算工时分配率=50 000×4.84=242 000（元）

③设备租金总预算额=194 000×（1–20%）=155 200（元）

（2）设备租金是约束性固定成本，是必须支付的。生产准备费和车间管理费属于酌量性固定成本，发生额的大小取决于管理当局的决策行动，由于生产准备费的成本效益远高于车间管理费，根据成本效益分析原则，应该尽量减少车间管理费。

①在确定车间管理费用总预算额时，应取其控制区间内的最小值，即12 000（元）。

②生产准备费总预算额=固定制造费用总额–设备租金–车间管理费用=185 200–155 200–12 000=18 000（元）

3.32 斯尔解析 本题考查的是销售预算的编制。

（1）

A=16 500；B=12 600；C=19 050；D=5 850

A=15 000×70%+6 000=16 500（万元）

提示：务必要考虑上年末应收账款收回对于现金收入的影响。

B=18 000×70%=12 600（万元）

C=19 500×70%+18 000×30%=19 050（万元）

D=19 500×30%=5 850（万元）

（2）2017年年末预计应收账款余额=21 000×30%=6 300（万元）

3.33 斯尔解析 本题考查的是销售预算与资金预算的混合编制。

（1）2018年年末预计应收账款余额=3 500 × 30%=1 050（万元）

（2）

A=2 000 × 70%=1 400（万元）

B=1 000（万元）

C=4 000 × 70%+3 000 × 30%=3 700（万元）

D=1 090+3 650−1 540=3 200（万元）

提示：在计算现金余缺时，务必记得计算的起点是“期初现金余额”，而非“现金收入”，别漏掉。

第四章　筹资管理（上）

使用斯尔教育APP
扫码看解析做好题

一、单项选择题

4.1　某企业对外产权投资需要大额资金，其资金来源通过增加长期贷款或发行公司债券解决，这既扩张了企业规模，又使得企业的资本结构发生了较大变化。根据以上信息，这种筹资动机是（　　）。

A.支付性筹资动机　　B.扩张性筹资动机

C.调整性筹资动机　　D.混合性筹资动机

4.2　企业为了优化资本结构而筹集资金，这种筹资的动机是（　　）。

A.支付性筹资动机　　B.创立性筹资动机

C.调整性筹资动机　　D.扩张性筹资动机

4.3　企业因集中发放员工的年终奖工资而进行筹资的动机属于（　　）。

A.创立性筹资动机　　B.支付性筹资动机

C.扩张性筹资动机　　D.调整性筹资动机

4.4　下列筹资方式中，属于间接筹资的是（　　）。

A.银行借款　　B.发行债券

C.发行股票　　D.合资经营

4.5　关于直接筹资和间接筹资，下列表述中，错误的是（　　）。

A.直接筹资仅可以筹集股权资金　　B.直接筹资的筹资费用较高

C.发行股票属于直接筹资　　D.租赁属于间接筹资

4.6　下列各项中，属于内部筹资方式的是（　　）。

A.利用留存收益筹资　　B.向股东发行新股筹资

C.向企业股东借款筹资　　D.向企业职工借款筹资

4.7　下列筹资方式中，既可以筹集长期资金，也可以融通短期资金的是（　　）。

A.发行股票　　B.利用商业信用

C.吸收直接投资　　D.向金融机构借款

4.8　下列筹资方式中，属于债务筹资方式的是（　　）。

A.吸收直接投资　　B.租赁

C.留存收益　　D.发行优先股

4.9 下列各项中，不属于担保贷款的是（　　）。

A.质押贷款　　B.保证贷款

C.抵押贷款　　D.信用贷款

4.10 企业可以将某些资产作为质押品向商业银行申请质押贷款。下列各项中，不能作为质押品的是（　　）。

A.厂房　　B.股票　　C.汇票　　D.专利权

4.11 下列各项中，属于长期借款例行性保护条款的是（　　）。

A.保持存货储备量　　B.保持企业的资产流动性

C.限制企业非经营性支出　　D.借款的用途不得改变

4.12 与发行公司债券相比，银行借款筹资的优点是（　　）。

A.资本成本较低　　B.资金使用的限制条件少

C.能提高公司的社会声誉　　D.单次筹资数额较大

4.13 某企业向租赁公司租入一套设备，价值60万元，租期6年，租赁期满时预计残值5万元，归租赁公司所有。年利率8%，租赁手续费率每年2%。假设租金在每年年初支付一次，则平均每年的租金为（　　）万元。［（P/F，8%，6）=0.6302，（P/F，10%，6）=0.5645，（P/A，8%，6）=4.6229，（P/A，10%，6）=4.3553］

A.13.13　　B.11.93　　C.11.18　　D.13.53

4.14 某企业向租赁公司租入一套设备，价值100万元，租期6年，租赁期满时预计残值4万元，归企业所有。年利率8%，租赁手续费率每年2%。假设租金在每年年末支付一次，则平均每年的租金为（　　）万元。［（P/F，8%，6）=0.6302，（P/F，10%，6）=0.5645，（P/A，8%，6）=4.6229，（P/A，10%，6）=4.3553］

A.22.96　　B.19.66　　C.19.94　　D.20.88

4.15 某公司租赁一台设备，价值200万元，租期为10年，租赁后期满的残值为10万元，归租赁公司所有，租赁的年利率为7%，手续费为2%，年初支付租金，每年的租金表达式为（　　）。

A.［200−10×（P/F，9%，10）］/［（P/A，9%，10）×（1+9%）］

B.［200−10×（P/F，9%，10）］/（P/A，9%，10）

C.［200−10×（P/F，7%，10）］/［（P/A，9%，10）×（1+7%）］

D.［200−10×（P/F，7%，10）］/（P/A，7%，10）

4.16 下列各项中，不计入租赁租金的是（　　）。

A.租赁手续费　　B.承租公司的财产保险费

C.租赁公司垫付资金的利息　　D.设备的买价

4.17 与发行股票筹资相比，吸收直接投资的优点是（　　）。

A.易于进行产权交易　　B.资本成本较低

C.有利于提高公司声誉　　D.筹资费用较低

4.18 下列筹资方式中，更有利于上市公司引入战略投资者的是（　　）。

A.发行债券　　B.定向增发股票

C.公开增发股票　　D.配股

4.19 下列各项优先权中，属于普通股股东所享有的一项权利是（　　）。

A.优先剩余财产分配权　　B.优先股利分配权

C.优先股份转让权　　D.优先认股权

4.20 关于留存收益筹资方式，下列说法中，错误的是（　　）。

A.留存收益的筹资途径包括提取盈余公积金和未分配利润

B.留存收益不用发生筹资费用，资本成本较低

C.当期留存收益的最大数额为当期净利润

D.利用留存收益筹资会改变公司的股权结构

4.21 下列各项中，与留存收益筹资相比，属于吸收直接投资特点的是（　　）。

A.资本成本较低　　B.筹资速度较快

C.筹资规模有限　　D.形成生产能力较快

4.22 与股票筹资相比，下列各项中，属于债务筹资缺点的是（　　）。

A.财务风险较大　　B.资本成本较高

C.稀释股东控制权　　D.筹资灵活性小

4.23 下列各种筹资方式中，筹资限制条件相对最少的是（　　）。

A.租赁　　B.发行股票

C.发行债券　　D.发行短期融资券

4.24 如果某公司的股票价格在一定的时间段内高于设定的一个阀值，上市公司有权按照略高于可转债面值的价格买回全部或部分未转股的可转债。这反映的可转换债券的基本要素是（　　）。

A.赎回条款　　B.转换价格

C.回售条款　　D.强制性转换条款

4.25 下列关于优先股筹资的表述中，不正确的是（　　）。
A.优先股筹资有利于调整股权资本的内部结构
B.优先股筹资兼有债务筹资和股权筹资的某些性质
C.优先股筹资不利于保障普通股的控制权
D.优先股筹资会给公司带来一定的财务压力

二、多项选择题

4.26 下列各项中，属于直接筹资方式的有（　　）。
A.发行股票　　B.银行借款
C.租赁　　D.发行债券

4.27 下列关于直接筹资和间接筹资的说法中，正确的有（　　）。
A.直接筹资不需要通过金融机构来筹措资金
B.直接筹资最主要形成股权资金
C.间接筹资包括银行借款和租赁
D.间接筹资的手续相对简便，筹资费用较低

4.28 下列关于银行借款、发行债券和租赁这三种债务融资方式的比较中，正确的有（　　）。
A.银行借款的筹资速度最快　　B.发行债券的筹资数额最大
C.银行借款的限制条件最多　　D.租赁的资本成本最高

4.29 下列关于杠杆租赁的表述中，正确的有（　　）。
A.出租人既是债权人又是债务人
B.涉及出租人、承租人和资金出借人三方当事人
C.租赁的设备通常是出租方已有的设备
D.出租人只投入设备购买款的部分资金

4.30 下列各项中，能够作为吸收直接投资出资方式的有（　　）。
A.特许经营权　　B.土地使用权
C.商誉　　D.非专利技术

4.31 关于非公开发行新股，下列说法正确的有（　　）。
A.发行对象不超过35名
B.发行价格不低于定价基准日前20个交易日公司股票均价的60%
C.控股股东认购的股份，18个月内不得转让
D.发行对象可以为境外战略投资者

4.32 企业可将特定的债权转为股权的情形有（　　）。

A.公司重组时的银行借款

B.改制时未退还职工的集资款

C.上市公司依法发行的可转换债券

D.国有金融资产管理公司持有的国有企业债权

4.33 股票上市对公司可能的不利影响有（　　）。

A.商业机密容易泄露　　B.资本结构容易恶化

C.信息披露成本较高　　D.公司价值不易确定

4.34 下列各项中，属于盈余公积金用途的有（　　）。

A.弥补亏损　　B.转增股本

C.扩大经营　　D.分配股利

4.35 与银行借款筹资相比，公开发行股票筹资的优点有（　　）。

A.提升企业知名度　　B.不受金融监管政策约束

C.资本成本较低　　D.筹资对象广泛

4.36 与发行普通股筹资相比，发行债券筹资的优点有（　　）。

A.可以稳定公司的控制权　　B.可以降低资本成本

C.可以利用财务杠杆　　D.可以形成稳定的资本基础

4.37 相对于普通股而言，优先股的优先权包含的内容有（　　）。

A.股利分配优先权　　B.配股优先权

C.剩余财产分配优先权　　D.表决优先权

三、判断题

4.38 公司发行的永续债由于没有明确的到期日或期限非常长，因此在实质上属于股权资本。（　　）

4.39 长期借款的例行性保护条款、一般性保护条款和特殊性保护条款可结合使用，有利于全面保护债权人的权益。（　　）

4.40 企业吸收直接投资有时能够直接获得所需的设备和技术，及时形成生产能力。（　　）

4.41 因为公司债务必须付息，而普通股不一定支付股利，所以普通股资本成本小于债务资本成本。（　　）

4.42 可转换债券的持有人具有在未来按一定的价格购买普通股股票的权利，因为可转换债券具有买入期权的性质。（　　）

4.43 可转换债券是常用的员工激励工具，可以把管理者和员工的利益与企业价值成长紧密联系在一起。（　　）

4.44 优先股的优先权体现在剩余财产清偿分配顺序上居于债权人之前。（ ）

4.45 若某公司当年可分配利润不足以支付优先股的全部股息时，所欠股息在以后年度不予补发，则该优先股属于非累积优先股。（ ）

4.46 与债务筹资相比，优先股有利于降低公司财务风险，但与发行普通股相比，发行优先股会增加公司的财务风险。（ ）

4.47 非公开定向债务融资工具的利率一般比公开发行的同类债券利率要低。（ ）

4.48 中期票据融资的发行采用审批制，审批通过后两年内可分次发行。（ ）

4.49 股权众筹融资不要求通过股权众筹融资中介机构平台进行，但开展该业务的公司须接受证监会的监管。（ ）

4.50 能效信贷是指银行业金融机构为支持环保产业、倡导绿色文明、发展绿色经济而提供的信贷融资。（ ）

答案与解析

一、单项选择题

题号	答案	题号	答案	题号	答案	题号	答案	题号	答案
4.1	D	4.2	C	4.3	B	4.4	A	4.5	A
4.6	A	4.7	D	4.8	B	4.9	D	4.10	A
4.11	A	4.12	A	4.13	B	4.14	A	4.15	A
4.16	B	4.17	D	4.18	B	4.19	D	4.20	D
4.21	D	4.22	A	4.23	A	4.24	A	4.25	C

二、多项选择题

题号	答案	题号	答案	题号	答案	题号	答案	题号	答案
4.26	AD	4.27	ACD	4.28	ABCD	4.29	ABD	4.30	BD
4.31	ACD	4.32	BCD	4.33	AC	4.34	ABC	4.35	AD
4.36	ABC	4.37	AC						

三、判断题

题号	答案	题号	答案	题号	答案	题号	答案	题号	答案
4.38	×	4.39	√	4.40	√	4.41	×	4.42	√
4.43	×	4.44	×	4.45	√	4.46	√	4.47	×
4.48	×	4.49	×	4.50	×				

一、单项选择题

4.1 斯尔解析 D 本题考查的是筹资的动机。企业筹资的目的可能不是单纯和唯一的，通过追加筹资，既满足了经营活动、投资活动的资金需要，又达到了调整资本结构的目的，这种动机兼具扩张性筹资动机和调整性筹资动机的特性，同时增加了企业的资产总额和资本总额，导致企业的资产结构和资本结构同时变化，这属于混合性筹资动机，因此选项D正确。

4.2 斯尔解析 C 本题考查的是筹资的动机。企业因调整资本结构而产生的筹资动机属于调整性筹资动机，因此选项C正确。

4.3 斯尔解析 B 本题考查的是筹资的动机。为满足经营业务活动的正常波动所形成的支付需要而产生的筹资动机属于支付性筹资动机，如原材料购买的大额支付、员工工资的集中发放、银行借款的偿还、股东股利的发放，因此选项B正确。

4.4 斯尔解析 A 本题考查的是筹资方式的分类。间接筹资是企业借助银行和非银行金融机构而筹集资金。在间接筹资方式下，银行等金融机构发挥中介作用，预先集聚资金，然后提供给企业。从考试的角度，间接筹资的基本方式有两种，一个是银行借款，另一个是租赁，因此选项A正确。

4.5 斯尔解析 A 本题考查的是筹资方式的分类。直接筹资是企业直接与资金供应者协商融通资金的筹资活动。直接筹资方式主要有发行股票、发行债券、吸收直接投资等，选项C说法正确；直接筹资方式既可以筹集股权资金，也可以筹集债务资金，选项A说法错误，当选；直接筹资的筹资费用比间接筹资高，选项B说法正确；租赁和银行借款是两种典型的间接筹资方式，选项D说法正确。

4.6 斯尔解析 A 本题考查的是筹资方式的分类。内部筹资是指企业通过利润留存而形成的筹资来源，留存收益是企业内部筹资的一种重要方式，因此选项A正确；选项BCD均属于外部筹资方式。

4.7 斯尔解析 D 本题考查的是筹资方式的分类。银行借款是指企业向银行或其他非金融机构借入的、需要还本付息的款项，包括偿还期限超过1年的长期借款和不足1年的短期借款，因此选项D正确；选项AC为长期融资方式；选项B为短期融资方式。

4.8 斯尔解析 B 本题考查的是筹资方式的分类。选项AC属于股权筹资，不当选；选项D属于衍生工具筹资，不当选；选项B属于债务筹资，当选。

4.9 斯尔解析 D 本题考查的是银行借款的分类。按机构对贷款有无担保要求，银行借款可以分为信用贷款和担保贷款，其中担保贷款包括保证贷款、抵押贷款和质押贷款三种基本类型，因此选项ABC不当选；信用贷款是指以借款人的信誉或保证人的信用为依据而获得的贷款，因此选项D当选。

4.10 斯尔解析 A 本题考查的是银行借款分类中的质押贷款。质押品一般为动产或财产权利，厂房属于不动产，不能作为质押品，因此选项A当选；作为贷款担保的质押品，可以是汇票、支票、债券、存款单、提单等信用凭证，可以是依法可以转让的股份、股票等有价证券，也可以是依法可以转让的商标专用权、专利权、著作权中的财产权等，因此选项BCD不当选。

4.11 斯尔解析 A 本题考查的是长期借款的保护性条款。选项BC均属于一般性保护条款，选项D属于特殊性保护条款。

4.12 斯尔解析 A 本题考查的是债务筹资方式的对比。

在债务筹资中，银行借款筹资的优点有：

（1）筹资速度快；

（2）资本成本较低（选项A正确）；

（3）筹资弹性较大。

缺点有：

（1）限制条款多（选项B错误）；

（2）筹资数额有限（选项D错误）。

而公司债券的发行主体往往是股份有限公司和有实力的有限责任公司，通过发行公司债券，一方面筹集了大量资金（再次证明选项D错误），另一方面也扩大了公司的社会影响，因此选项C错误。

4.13 斯尔解析 B 本题考查的是租赁租金的测算。假设租金为A，600 000=A×（P/A，10%，6）×（1+10%）+50 000×（P/F，10%，6），求得A=11.93（万元），选项B正确。

提示：

（1）折现率=利率+租赁手续费率；

（2）当租金在每期期初支付时，租金需要乘以预付年金现值系数（P/A，i，n）×（1+i）。

4.14 斯尔解析 A 本题考查的是租赁租金的测算。假设租金为A，100=A×（P/A，10%，6），求得A=22.96（万元），因此选项A正确。

4.15 斯尔解析 A 本题考查的是租赁租金的测算。假设租金为A，200=A×（P/A，9%，10）×（1+9%）+10×（P/F，9%，10），因此选项A正确。

4.16 斯尔解析 B 本题考查的是租赁租金的影响因素。

租赁每期租金的多少，取决于以下几项因素：

（1）设备原价及预计残值；

（2）利息；

（3）租赁手续费和利润。

承租公司的财产保险费不计入租赁租金，因此选项B当选。

4.17 斯尔解析 D 本题考查的是股权筹资方式的对比。

吸收直接投资的筹资特点包括：

（1）能够尽快形成生产能力；

（2）容易进行信息沟通；

（3）手续相对简便，筹资费用较低（选项D正确）；

（4）相对于股票筹资方式而言，资本成本较高（选项B错误）；

（5）公司控制权集中，不利于公司治理；

（6）不易进行产权交易（选项A错误）。

而发行股票更能增强公司的社会声誉（选项C错误）。

4.18 斯尔解析 B 本题考查的是上市公司发行股票中的定向增发。

上市公司定向增发的优势在于：

（1）有利于引入战略投资者和机构投资者；

（2）有利于利用上市公司的市场化估值溢价，将母公司资产通过资本市场放大，从而提升母公司的资产价值；

（3）定向增发是一种主要的并购手段，特别是资产并购型定向增发，有利于集团企业整体上市，并同时减轻并购的现金流压力。

因此选项B正确。

4.19 斯尔解析 D 本题考查的是普通股股东的权利。优先股股东相对于普通股股东的优先权有优先股利分配权和优先剩余财产分配权；普通股股东相对于优先股股东的特权是优先认股权；普通股股东和优先股股东都具有股份转让权，无“优先”之说，因此选项D正确。

4.20 斯尔解析 D 本题考查的是留存收益筹资的特点。利用留存收益筹资，不用对外发行新股或吸收新投资者，由此增加的权益资本不会改变公司的股权结构，不会稀释原有股东的控制权，因此选项D错误。

4.21 斯尔解析 D 本题考查的是股权筹资方式的对比。

吸收直接投资的筹资特点包括：

（1）能够尽快形成生产能力（选项D正确）；

（2）容易进行信息沟通；

（3）资本成本较高（选项A错误）；

（4）公司控制权集中，不利于公司治理；

（5）不易进行产权交易。

留存收益的筹资特点包括：

（1）不用发生筹资费用；

（2）维持公司控制权分布；

（3）筹资数额有限（选项C错误）。

另外，留存收益是将公司“左口袋”的钱放入“右口袋”，与吸收直接投资相比，筹资速度更快，因此选项B错误。

4.22 斯尔解析 A 本题考查的是股权筹资与债务筹资的对比。

债务筹资的缺点有：

（1）不能形成企业稳定的资本基础；

（2）财务风险较大（选项A正确）；

（3）筹资数额有限。

与股票筹资方式相比，债务筹资的资本成本较低，选项B错误；债务筹资可以稳定公司的控制权，而股票融资可能会导致控制权变更，选项C错误；债务筹资的弹性较大，可以根据企业的经营情况和财务状况，灵活地商定债务条件，这是债务筹资的优点，选项D错误。

4.23 斯尔解析 A 本题考查的是筹资方式的特点。企业运用股票、债券、长期付款等筹资方式，都受到相当多资格条件的限制，如足够的抵押品、银行贷款的信用标准、发行债券的政府管制等。短期融资券的发行企业也需具备一定的

资质。相比之下，租赁筹资的限制条件很少，因此选项A正确。

提示：在三种债务筹资方式中，限制条件由多至少的顺序一次是：银行借款、发行债券、租赁。

4.24 斯尔解析 A 本题考查的是可转换债券的基本要素。赎回条款是发债公司按事先约定的价格买回未转股债券的条件规定。如果某公司的股票价格在一定的时间段内高于设定的一个阀值（一般是当期转股价的130%），那么上市公司有权按照略高于可转债面值的一个约定赎回价格（一般是103元）赎回全部或部分未转股的可转债，因此选项A正确。

4.25 斯尔解析 C 本题考查的是优先股筹资的特点。优先股筹资不仅可以调整股权资本的内部结构，也可以调整债务资本和股权资本的相对结构，选项A说法正确；优先股既像公司债券，又像公司股票，因此优先股筹资属于混合筹资，其筹资特点兼有债务筹资和股权筹资性质，选项B说法正确；优先股股东无表决权，因此优先股筹资不影响普通股股东对企业的控制权，选项C说法错误，当选；优先股的资本成本相对于债务较高，且其股利支付相对于普通股具有固定性，可能给股份公司带来一定的财务负担，选项D说法正确。

二、多项选择题

4.26 斯尔解析 AD 本题考查的是筹资方式的分类。直接筹资方式主要有发行股票、发行债券、吸收直接投资等，选项AD正确；银行借款和租赁属于间接筹资方式，选项BC错误。

4.27 斯尔解析 ACD 本题考查的是筹资方式的分类。直接筹资既可以筹集股权资金，也可以筹集债务资金，选项B错误。

4.28 斯尔解析 ABCD 本题考查的是债务筹资方式的对比。银行借款的借款程序简单，筹资速度最快，选项A正确；但银行借款中，合同对借款用途有明确规定（例行性保护、一般性保护、特殊性保护），限制条件最多，选项C正确；与银行借款、租赁相比，发行债券可通过资本市场筹集大额的资金，选项B正确；相比于银行借款、发行债券，租赁的利息较高，且租金总额通常要比设备价值高出30%（高额的固定租金），资本成本最大，选项D正确。

4.29 斯尔解析 ABD 本题考查的是租赁的分类。对于杠杆租赁而言，租赁的设备通常是出租人根据设备需要者的要求重新购买的，选项C错误。

4.30 斯尔解析 BD 本题考查的是吸收直接投资下的出资方式。

吸收直接投资的出资方式包括：

（1）以货币资产出资；

（2）以实物资产出资；

（3）以土地使用权出资（选项B正确）；

（4）以知识产权出资；

（5）以特定债权出资。

其中，知识产权通常是指专有技术、商标权、专利权、非专利技术（选项D正确）等无形资产。此外，国家相关法律法规对无形资产出资方式另有限制，股东或者发起人不得以劳务、信用、自然人姓名、商誉（选项C错误）、特许经营权（选项A错误）或者设定担保的财产等作价出资。

4.31 斯尔解析 ACD 本题考查发行普通股筹资。非公开发行优先股，发行对象不超过35名。发行对象为境外战略投资者的，应当遵守国家的相关规定，选项AD正确；发行价格不低于定价基准日前20个交易日公司股票均价的80%，选项B错误；控股股东、实际控制人及其控制的企业认购的股份，18个月内不得转让，选项C正确。

4.32 斯尔解析 BCD 本题考查的是吸收直接投资下以特定债权出资的方式。企业可将特定的债权转为股权的情形有：

（1）上市公司依法发行的可转换债券（选项C正确）；

（2）金融资产管理公司持有的国有及国有控股企业债权（选项D正确）；

（3）企业实行公司制改建时，经银行以外的其他债权人协商同意，可以按照有关协议和企业章程的规定，将其债权转为股权；

（4）根据《利用外资改组国有企业暂行规定》，国有企业的境内债权人将持有的债权转给外国投资者，企业通过债转股改组为外商投资企业；

（5）按照《企业公司制改建有关国有资本管理与财务处理的暂行规定》，国有企业改制时，账面原有应付工资余额中欠发职工工资部分，在符合国家政策、职工自愿的条件下，依法扣除个人所得税后可转为个人投资；未退还职工的集资款也可转为个人投资，因此选项B正确；公司重组时的银行借款仍属于债务，无法转为股权，因此选项A错误。

4.33 斯尔解析 AC 本题考查的是股票上市对公司的不利影响。股票上市对公司的不利影响主要有：上市成本较高，手续复杂严格；公司将负担较高的信息披露成本（选项C正确）；信息公开的要求可能会暴露公司商业机密（选项A正确）；股价有时会歪曲公司的实际情况，影响公司声誉；可能会分散公司的控制权，造成管理上的困难（选项B错误），股票上市增加了企业的权益资本，降低财务风险，不会恶化资本结构；股票上市后，公司股价有市价可循，便于确定公司的价值（选项D错误）。

4.34 斯尔解析 ABC 本题考查的是留存收益的筹资方式。盈余公积金主要用于企业未来的经营发展，经投资者审议后也可用于转增股本（实收资本）和弥补公司经营亏损，因此选项ABC正确。

注意：盈余公积不得用于以后年度的对外利润分配，但未分配利润可以。

4.35 斯尔解析 AD 本题考查的是股权筹资与债务筹资的对比。公司公开发行的股票进入证券交易所交易，必须受严格的条件限制，选项B错误；由于股票投资的风险较大，收益具有不确定性，投资者就会要求较高的风险补偿。因此，股票筹资的资本成本较高，选项C错误；公开发行股票筹资能增强公司的社会声誉，促进股权流通和转让，使得股东大众化，因此选项AD正确。

4.36 斯尔解析 ABC 本题考查的是股权筹资与债务筹资的对比。债券筹资有固定的到期日，到期需偿还，因此不能形成企业稳定的资本基础，选项D错误。

4.37 斯尔解析 AC 本题考查的是普通股与优先股的对比。优先股股东的优先权利主要表现在股利分配优先权和剩余财产分配优先权，选项AC正确。选项BD均为普通股股东优于优先股股东的权利。

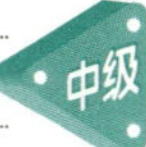

三、判断题

4.38 斯尔解析 × 本题考查的是筹资方式的分类。永续债作为具有一定权益属性的债务工具，是一种混合筹资工具，永续债的持有者除公司破产等原因外，一般不能要求公司偿还本金，而只能定期获取利息，因此本题说法错误。

4.39 斯尔解析 √ 本题考查的是长期借款的保护性条款。长期借款的保护性条款包括例行性保护条款、一般性保护条款和特殊性保护条款。上述各项条款结合使用，将有利于全面保护银行等债权人的权益，因此本题说法正确。

4.40 斯尔解析 √ 本题考查的是吸收直接投资的筹资方式。吸收直接投资不仅可以取得一部分货币资金，而且能够直接获得所需的先进设备和技术，尽快形成生产经营能力，因此本题说法正确。

4.41 斯尔解析 × 本题考查的是债务筹资与股权筹资的对比。投资者投资于股票的风险较高，所以相应要求的报酬率也较高，同时由于支付债务的利息还可以抵税，所以普通股资本成本会高于债务资本成本，因此本题说法错误。

4.42 斯尔解析 √ 本题考查的是可转换债券的基本含义。可转换债券的持有人具有在未来按一定的价格购买普通股股票的权利，因为可转换债券具有买入期权的性质，因此本题说法正确。

4.43 斯尔解析 × 本题考查的是认股权证的基本含义。认股权证是常用的员工激励工具，通过给予管理者和重要员工一定的认股权证，可以把管理者和员工的利益与企业价值成长紧密联系在一起，建立一个管理者与员工通过提升企业价值实现自身财富增值的利益驱动机制，因此本题说法错误。

4.44 斯尔解析 × 本题考查的是优先股股东的权利。优先股在剩余财产方面，优先股清偿顺序先于普通股而次于债权人。一旦公司清算，剩余财产先分给债权人，再分给优先股股东，最后分给普通股股东，因此本题说法错误。

4.45 斯尔解析 √ 本题考查的是优先股的分类。非累积优先股是指公司当年可分配利润不足以支付优先股的全部股息时，对所欠股息部分，优先股股东不能要求公司在以后年度补发，因此本题说法正确。

4.46 斯尔解析 √ 本题考查的是优先股的优缺点。本题说法正确。

4.47 斯尔解析 × 本题考查筹资实务创新。因为非公开定向债务融资工具流通性的限制，所以定向工具的利率比公开发行的同类债券利率要高，题干表述错误。

4.48 斯尔解析 × 本题考查的是中期票据融资的特点。中期票据融资的发行采用注册制，注册通过后两年内可分次发行，因此本题说法错误。

4.49 斯尔解析 × 本题考查的是股权众筹融资的相关要求。股权众筹融资必须通过股权众筹融资中介机构平台进行，且股权众筹融资业务由证监会负责监管，因此本题说法错误。

4.50 斯尔解析 × 本题考查的是创新的筹资方式。银行业金融机构为支持环保产业、倡导绿色文明、发展绿色经济而提供的信贷融资属于绿色信贷，而非能效信贷，因此本题说法错误。

第五章 筹资管理（下）

一、单项选择题

5.1 某公司2016年度资金平均占用额为4 500万元，其中不合理部分占15%，预计2017年销售增长率为20%，资金周转速度不变，采用因素分析法预测的2017年度资金需求量为（ ）万元。

A.4 590　B.4 500　C.5 400　D.4 725

5.2 采用销售百分比法预测资金需求量时，下列各项中，属于非敏感性项目的是（ ）。

A.现金　B.存货
C.长期借款　D.应付账款

5.3 某企业2016～2019年历年的产销量和资金变化情况如下表所示，若该企业预计2020年的销售量为400万件，采用高低点法预测其资金需要量是（ ）万元。

项目	2016年	2017年	2018年	2019年
产销量（万件）	270	280	350	250
资金占用（万元）	65	75	80	70

A.85　B.100　C.93.55　D.89.38

5.4 资本成本一般由筹资费用和占用费用两部分构成。下列各项中，属于占用费用的是（ ）。

A.向银行支付的借款手续费　B.向股东支付的股利
C.发行股票支付的宣传费　D.发行债券支付的发行费

5.5 下列各项中，属于资本成本中筹资费用的是（ ）。

A.优先股的股利支出　B.银行借款的手续费
C.租赁的资金利息　D.债券的利息费用

5.6 下列各项中，通常会引起资本成本上升的情形是（ ）。

A.预期通货膨胀率呈下降趋势
B.投资者要求的预期收益率下降
C.证券市场流动性呈恶化趋势
D.企业总体风险水平得到改善

5.7 计算下列筹资方式的资本成本时，需要考虑企业所得税因素影响的是（　　）。

A.留存收益资本成本　　B.债务资本成本

C.普通股资本成本　　D.优先股资本成本

5.8 A公司向银行借款5 000万元，年利率为8%，筹资费率为0.2%，该公司适用的所得税税率为25%，则该笔借款的资本成本是（　　）。

A.6.02%　　B.6.01%　　C.8.02%　　D.8.01%

5.9 某公司发行优先股，面值总额为8 000万元，年股息率为8%，股息不可税前抵扣。发行价格为10 000万元，发行费用占发行价格的2%，则该优先股的资本成本率为（　　）。

A.8.16%　　B.6.4%　　C.8%　　D.6.53%

5.10 某公司浮动股息率优先股的市价为22元，筹资费用为2元/股，预计下一期优先股股息为2元/股，股息年增长率为8%，则该优先股的资本成本率为（　　）。

A.16%　　B.18%　　C.20%　　D.22%

5.11 甲公司权益市场价值为6 000万元，债务市场价值为4 000万元。债务资金的个别资本成本为8%，股票资金的β系数为1.5，适用的所得税税率为25%，市场平均报酬率为12%，一年期国债利率为5%，则甲公司按市场价值加权的平均资本成本为（　　）。

A.12.5%　　B.15.0%　　C.11.7%　　D.13.2%

5.12 下列各项中，将会导致经营杠杆效应最大的情况是（　　）。

A.实际销售额等于目标销售额

B.实际销售额大于目标销售额

C.实际销售额等于盈亏临界点销售额

D.实际销售额大于盈亏临界点销售额

5.13 A公司2019年边际贡献总额为500万元，经营杠杆系数为2.5。假设其他条件不变，如果2020年销售量增长20%，则息税前利润预计是（　　）万元。

A.200　　B.240　　C.300　　D.250

5.14 下列筹资方式中，能给企业带来财务杠杆效应的是（　　）。

A.发行普通股　　B.认股权证

C.租赁　　D.留存收益

5.15 某企业经营杠杆系数为1.5，总杠杆系数为3，预计息税前利润将增长10%，则在其他条件不变的情况下，普通股每股收益将增长（　　）。

A.15%　　B.18%　　C.20%　　D.30%

5.16 有一种资本结构理论认为企业资本结构会影响经理人员的工作水平和其他选择，从而影响企业未来现金收入和企业市场价值，该理论是（　　）。

A.代理理论　　B.权衡理论

C.MM理论　　D.优序融资理论

二、多项选择题

5.17 关于资本成本，下列说法正确的有（　　）。

A.资本成本是衡量资本结构是否合理的重要依据

B.资本成本一般是投资所应获得收益的最低要求

C.资本成本是取得资本所有权所付出的代价

D.资本成本是比较筹资方式、选择筹资方案的依据

5.18 下列因素中，一般会导致企业资本成本下降的有（　　）。

A.证券市场流动性高　　B.国民经济健康、稳定

C.通货膨胀水平提高　　D.企业盈利能力上升

5.19 关于银行借款筹资的资本成本，下列说法错误的有（　　）。

A.银行借款手续费会影响银行借款的资本成本

B.银行借款的资本成本仅包括银行借款利息支出

C.银行借款的资本成本率一般等于无风险利率

D.银行借款的资本成本与还本付息方式无关

5.20 下列各项因素中，影响经营杠杆系数计算结果的有（　　）。

A.销售单价　　B.销售数量

C.资本成本　　D.所得税税率

5.21 某企业经营风险较高，准备采取措施降低经营杠杆。下列措施中，无法达到这一目的的有（　　）。

A.降低利息费用　　B.降低固定成本

C.降低变动成本　　D.降低销售单价

5.22 下列各项中，对于经营杠杆效应的描述正确的有（　　）。

A.在其他因素不变的情况下，销售额越小，经营杠杆系数越大

B.当销售额处于盈亏临界点时，经营杠杆系数趋于无穷大

C.引起企业经营风险的主要原因是由于存在经营杠杆

D.如果息税前利润为正，只要存在固定经营成本，就存在经营杠杆效应，经营杠杆系数恒大于1

5.23 下列各项中，影响财务杠杆系数的有（　　）。

A.息税前利润　　B.普通股股利　　C.优先股股息　　D.借款利息

5.24 下列各项中，影响总杠杆系数的有（　　）。

A.边际贡献　　B.普通股股利

C.优先股股息　　D.借款利息

5.25 下列关于修正的MM理论的表述中，正确的有（　　）。

A.该理论认为企业可利用财务杠杆增加企业价值

B.该理论认为负债利息可以带来避税利益

C.该理论认为有无负债不改变企业的价值

D.该理论认为资产负债率越大，股权资本成本越高

5.26 下列各项因素中，影响企业资本结构决策的有（　　）。

A.企业的经营状况　　B.企业的信用等级

C.国家的货币供应量　　D.管理者的风险偏好

5.27 下列关于影响资本结构的因素的说法中，正确的有（　　）。

A.如果产销业务量能够以较高的水平增长，可采用高负债的资本结构

B.如果企业为少数股东控制，可采用高负债的资本结构

C.高新技术企业经营风险高，可采用高负债的资本结构

D.当所得税税率较低时，可采用高负债的资本结构

5.28 下列财务决策方法中，可用于资本结构优化决策的有（　　）。

A.公司价值分析法　　B.安全边际分析法

C.每股收益分析法　　D.平均资本成本比较法

三、判断题

5.29 其他条件不变时，优先股的发行价格越高，其资本成本也越高。（　　）

5.30 计算加权平均资本成本，采用市场价值权数能反映企业期望的资本结构，但不能反映筹资的现时资本成本。（　　）

5.31 平均资本成本比较法侧重于从资本投入角度对筹资方案和资本结构进行优化分析。（　　）

5.32 在企业承担总风险能力一定且利率相同的情况下，对于经营杠杆水平较高的企业，应当保持较低的负债水平，而对于经营杠杆水平较低的企业，则可以保持较高的负债水平。（　　）

5.33 基于优序融资理论，在成熟的金融市场中，企业筹资方式的优先顺序依次为内部筹资、股权筹资和债务筹资。（　　）

5.34 双重股权结构可以保障企业创始人或管理层对企业的控制权，防止公司被恶意收购，提高企业运行效率。（　　）

四、计算分析题

5.35 甲公司适用企业所得税税率为25%，计划追加筹资20 000万元，方案如下：向银行取得长期借款3 000万元，借款年利率为4.8%，每年付息一次；发行面值为5 600万元，发行价格为6 000万元的公司债券，票面利率为6%，每年付息一次；增发普通股11 000万元。假定资本市场有效，当前无风险收益率为4%，市场平均收益率为10%，甲公司普通股的β系数为1.5，不考虑筹资费用、货币时间价值等其他因素。

要求：

（1）计算长期借款的资本成本率。

（2）计算发行债券的资本成本率。

（3）利用资本资产定价模型，计算普通股的资本成本率。

（4）计算追加筹资方案的平均资本成本率。

5.36 乙公司是一家服装企业，只生产销售某种品牌的西服。2016年度固定成本总额为20 000万元。单位变动成本为0.4万元。单位售价为0.8万元，销售量为100 000套，乙公司2016年度发生的利息费用为4 000万元。

要求：

（1）计算2016年度的息税前利润。

（2）以2016年为基数，计算下列指标：

①经营杠杆系数；

②财务杠杆系数；

③总杠杆系数。

5.37 甲公司发行在外的普通股总股数为3 000万股，其全部债务为6 000万元（年利息率为6%）。公司因业务发展需要追加筹资2 400万元，有两种方案选择：

A方案：增发普通股600万股，每股发行价4元。

B方案：按面值发行债券2 400万元，票面利率为8%。

公司采用资本结构优化的每股收益分析法进行方案选择。假设发行股票和发行债券的筹资费忽略不计，经测算，追加筹资后公司销售额可以达到3 600万元，变动成本率50%，固定成本总额为600万元，公司适用的企业所得税税率为25%。

要求：

（1）计算两种方案的每股收益无差别点（即两种方案的每股收益相等时的息税前利润）。

（2）计算公司追加筹资后的预计息税前利润。

（3）根据要求（1）和要求（2）的计算结果，判断公司应当选择何种筹资方案，并说明理由。

5.38　尚康公司目前资本构成均为普通股，无债务资本和优先股，该公司认为目前的资本结构不合理，准备通过发行债券回购部分股票的方式，调整资本结构，提高企业价值。预计企业未来每年的息税前利润为600万元，所得税税率为25%。经初步计算，当前测算的资本成本与企业价值的底稿如下表所示（说明：为简化计算，假定净利润全部用于分配）：

债券市场价值（万元）	股票市场价值（万元）	公司价值（万元）	债务税前资本成本（%）	权益资本成本（%）	平均资本成本（%）
0	3 515.63	3 515.63	—	12.8	12.8
300	3 238.64	3 538.64	10	13.2	（A）
600	（B）	（C）	10	13.6	12.58
900	*	3 498.59	12	*	12.86

注：“*”表示省略的数据。

要求：

（1）确定表中字母所代表的数值（需要列式计算过程）。

（2）确定该公司的最佳资本结构，并说明理由。

5.39　甲房地产开发企业计划投资一个汽车项目。为了评价项目，需要对其资本成本进行估计。有关资料如下：

（1）该项目拟按照负债/权益为30/70进行筹资，税前债务资本成本预计为9%。

（2）汽车行业的代表企业是乙公司，股东权益的β系数为1.41，乙公司的负债/权益为40/60。

（3）假设无风险利率为4.5%；市场组合的平均报酬率为11.5%。

（4）甲、乙公司适用的企业所得税税率均为25%。

要求：

（1）使用可比公司法计算乙公司的$\beta_{资产}$，该汽车项目的$\beta_{权益}$与权益资本成本。

（2）计算该汽车项目的加权平均资本成本。

答案与解析

一、单项选择题

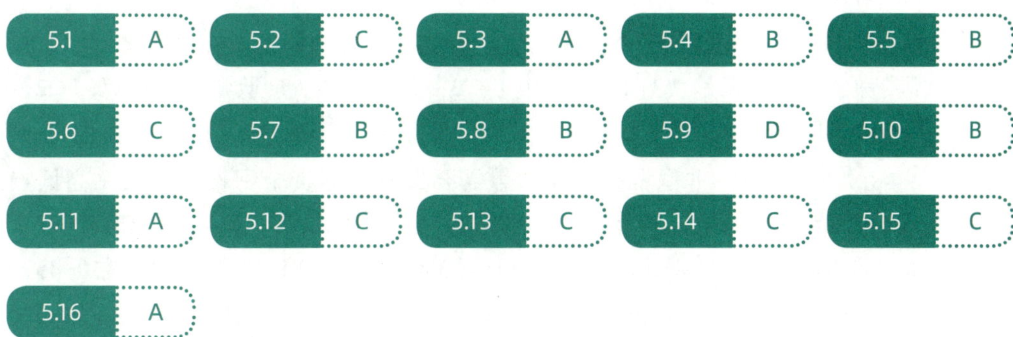

题号	答案	题号	答案	题号	答案	题号	答案	题号	答案
5.1	A	5.2	C	5.3	A	5.4	B	5.5	B
5.6	C	5.7	B	5.8	B	5.9	D	5.10	B
5.11	A	5.12	C	5.13	C	5.14	C	5.15	C
5.16	A								

二、多项选择题

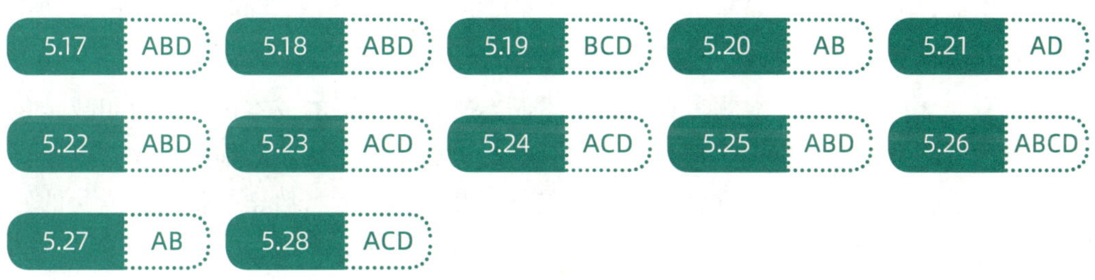

题号	答案	题号	答案	题号	答案	题号	答案	题号	答案
5.17	ABD	5.18	ABD	5.19	BCD	5.20	AB	5.21	AD
5.22	ABD	5.23	ACD	5.24	ACD	5.25	ABD	5.26	ABCD
5.27	AB	5.28	ACD						

三、判断题

题号	答案	题号	答案	题号	答案	题号	答案	题号	答案
5.29	×	5.30	×	5.31	√	5.32	√	5.33	×
5.34	√								

一、单项选择题

5.1 斯尔解析 A 本题考查的是资金需要量预测的因素分析法。根据公式，该公司2017年度资金需要量=（4 500−4 500×15%）×（1+20%）÷（1+0）=4 590（万元），选项A正确。

注意：该公式中“乘”的是销售增长，“除”的是资金周转。若资金周转加快，则为“加”；若资金周转放慢，则为“减”。

5.2 斯尔解析 C 本题考查的是销售百分比法的基本原理。在中级考试中，典型的敏感性项目就是“3+2”：其中，“3”是指现金、应收账款、存货；“2”是指应付票据、应付账款。长期借款属于筹资性的长期债务，因此选项C正确。

5.3 斯尔解析 A 本题考查的是资金需要量测试的资金习性预测法（高低点法）。需要注意的是，高低点法要选择业务量最低和最高的数据，即选择2018年和2019年这两期的数据，b=（80−70）/（350−250）=0.1，a=80−0.1×350=45，因此Y=45+0.1X。如果2020年的销售量为400万件，则2020年的资金需要量=45+0.1×400=85（万元），因此选项A正确。

5.4 斯尔解析 B 本题考查的是资本成本的含义。资本成本由两部分组成，包括筹资费用和占用费用。其中，占用费用是指企业在资本使用过程中因占用资本而付出的代价，如向银行等债权人支付的利息，向股东支付的股利等，选项B正确。选项ACD均为筹资费用，故不选。

5.5 斯尔解析 B 本题考查的是资本成本的含义。资本成本由两部分组成，包括筹资费用和占用费用。其中，筹资费用是指企业在资本筹措过程中为获取资本而付出的代价，如向银行支付的借款手续费，因发行股票或债券而支付的发行费等，选项B正确。选项ACD均为占用费用，故不选。

5.6 斯尔解析 C 本题考查的是影响资本成本的因素。资本市场条件包括资本市场的效率和风险。如果资本市场缺乏效率，证券的市场流动性低，投资者投资风险大，要求的预期报酬率高，那么通过资本市场融通的资本，其成本水平就比较高（发生“坏事”），选项C正确；通货膨胀率下降，利息率会下降，从而引起资本成本下降（发生“好事”），选项A错误；投资者的预期报酬率下降，作为筹资方的企业，其资本成本降低（对企业而言是发生“好事”），选项B错误；企业总体风险水平得到改善，投资者要求的收益率低，筹资的资本成本相应就低（发生“好事”），选项D错误。

5.7 斯尔解析 B 本题考查的是个别资本成本计算中所得税问题。债务筹资的利息费用可以在企业所得税税前扣除，所以在计算债务资本成本时需要考虑企业所得税因素的影响（只有债务筹资才有税盾效应），选项B正确。选项ACD均不需要考虑企业所得税因素的影响，故不选。

5.8 斯尔解析 B 本题考查的是个别资本成本的计算。根据银行借款个别资本成本的计算公式，K_b=8%×（1−25%）/（1−0.2%）=6.01%，选项B正确。需要注意的是，分子要扣所得税，分母要扣筹资费。

5.9 斯尔解析 D 本题考查的是个别资本成本的计算。根据优先股个别资本成本计算的一般模式，优先股的资本成本率=8 000×8%/［10 000×（1−2%）］=6.53%，需要注意的是，优先股股息不需要扣除所得税，因此选项D正确。

5.10 斯尔解析 B 本题考查的是个别资本成本的计算。需要注意的是，本题不应运用一般模式计算优先股的资本成本，因为浮动股息率优先股资本成本的计算方式与普通股资本成本的股利增长模型法相同。因此，优先股的资本成本率=2/（22-2）+8%=18%，选项B正确。

5.11 斯尔解析 A 本题考查的是平均资本成本的计算。首先找到各种筹资方式的个别资本成本，其中债务资金的个别资本成本是已知条件，且不需要再扣税；权益资金的个别资本成本由资本资产定价模型计算得出：5%+1.5×（12%-5%）=15.5%。其次，根据市场价值进行加权，则平均资本成本=8%×［4 000/（6 000+4 000）］+15.5%×［6 000/（6 000+4 000）］=12.5%，选项A正确。

5.12 斯尔解析 C 本题考查的是经营杠杆的基本原理。首先要搞清楚一个问题：何为“经营杠杆效应最大”？简言之，就是经营杠杆系数最大。根据经营杠杆系数的推导式可知，企业处于盈亏临界点时（即EBIT=0，此时实际销售额等于盈亏临界点销售额），经营杠杆系数无穷大，选项C正确。选项AB中的“目标销售额”均为迷惑概念，与经营杠杆无关。

5.13 斯尔解析 C 本题考查的是经营杠杆系数的计算，有一定难度。根据推导式，经营杠杆系数=基期边际贡献/基期息税前利润，则2019年息税前利润=500/2.5=200（万元）；根据定义式，经营杠杆系数=息税前利润变动率/产销业务量变动率，则2020年息税前利润变动率=20%（产销业务量变动率）×2.5=50%，因此，息税前利润预计=200×（1+50%）=300（万元），选项C正确。

注意：本题的解题关键是理解何为“其他条件不变”，其中最重要的是经营杠杆系数保持不变，即2020年的经营杠杆系数仍为2.5。

5.14 斯尔解析 C 本题考查的是财务杠杆的基本原理。财务杠杆效应是由于企业存在固定性资本成本，而债务筹资可以产生固定性资本成本。租赁属于债务筹资，可以带来财务杠杆效应，选项C正确；发行普通股和留存收益属于股权筹资，认股权证属于衍生工具融资，均不会带来财务杠杆效应，选项ABD错误。

5.15 斯尔解析 C 本题考查的是杠杆系数的计算，有一定的综合性。根据经营杠杆系数×财务杠杆系数=总杠杆系数，求得财务杠杆系数=3/1.5=2，而财务杠杆系数=普通股每股收益变动率/息税前利润变动率，则普通股每股收益变动率=2×10%=20%，选项C正确。

5.16 斯尔解析 A 本题考查的是资本结构理论。题干是教材中关于代理理论表述的原文，可直接锁定选项A正确。做题技巧方面，题干中的“经理人员”是关键词，因为在所有的资本结构理论中，只有代理理论提及“经理人员”，并与股东和债权人之间形成委托代理关系。

二、多项选择题

5.17 斯尔解析 ABD 本题考查的是资本成本的作用。资本成本的作用有：

（1）资本成本是比较筹资方式、选择筹资方案的依据（选项D正确）。

（2）平均资本成本是衡量资本结构是否合理的重要依据（选项A正确）。

（3）资本成本是评价投资项目可行性的主要标准。

（4）资本成本是评价企业整体业绩的重要依据。资本成本是衡量资本结构优化程度的标准，也是对投资获得经济效益的最低要求，所以选项B正确。对筹资者而言，由于取得了资本使用权，必须支付一定代价，资本成本表现为取得资本使用权所付出的代价。所以选项C错误。

5.18 斯尔解析 ABD 本题考查的是影响资本成本的因素。资本市场流动性增强，投资者的投资风险小，投资者要求的报酬率低，所以会导致筹资者的资本成本下降，选项A正确（发生“好事”）；国民经济健康、稳定，投资风险变小，投资者要求的报酬低，所以会导致筹资者的资本成本下降，选项B正确（发生“好事”）；通货膨胀水平提高，无风险利率上升，市场利率就会上升，所以会导致筹资者的资本成本上升，选项C错误（发生“坏事”）；企业的盈利能力上升，企业的经营风险就会下降，投资者的投资风险小，投资者要求的报酬率低，所以会导致筹资者的资本成本下降，选项D正确（发生“好事”）。

5.19 斯尔解析 BCD 本题考查的是资本成本的含义，有一定的综合性。资本成本是指企业为筹集和使用资本而付出的代价，包括筹资费用和占用费用，因此选项A正确、选项B错误；无风险收益率也称无风险利率，它是指无风险资产的收益率，它的大小由纯粹利率（资金的时间价值）和通货膨胀补贴两部分组成。纯利率是指在没有通货膨胀、无风险利率情况下资金市场的平均利率。而银行借款的资本成本是存在风险的，因此选项C错误；还本付息方式会影响银行借款的利息费用，进而影响资本成本的计算，因此选项D错误。

5.20 斯尔解析 AB 本题考查的是经营杠杆系数的影响因素。经营杠杆系数=基期边际贡献/基期息税前利润，边际贡献=销售量×（销售单价-单位变动成本），息税前利润=边际贡献-固定成本，所以销售单价和销售数量影响经营杠杆系数，但是资本成本和所得税税率对经营杠杆系数没有影响，选项AB正确。

5.21 斯尔解析 AD 本题考查的是经营杠杆系数的影响因素。降低利息费用只能降低财务杠杆，对经营杠杆没有影响，选项A无法达到目的，当选；降低销售单价将会提高经营杠杆，选项D无法达到目的，当选。对于此类题目，更为快捷的方式是运用“逻辑”判断。降低经营杠杆意味着降低经营风险，即要发生“好事”才能使得风险降低。何为好事？增加收入、降低成本是好事，因此选项BC都能达到目的。降低价格会减少收入，属于坏事，所以无法达到目的，因此当选。

5.22 斯尔解析 ABD 本题考查的是经营杠杆的基本原理。经营风险是指企业由于生产经营上的原因而导致的资产报酬波动的风险。引起企业经营风险的主要原因是市场需求和生产成本等因素的不确定性，经营杠杆本身并不是资产报酬不确定的根源，只是资产报酬波动的表现。但是，经营杠杆放大了市场和生产等因素变化对利润波动的影响，因此选项C错误。

5.23 斯尔解析 ACD 本题考查的是财务杠杆系数的影响因素。根据推导式，财务杠杆系数=息税前利润/［息税前利润-利息费用-优先股股息/（1-所得税税率）］，因此选项ACD正确、选项B错误。

5.24 斯尔解析 ACD 本题考查的是总杠杆系数的影响因素。根据推导式，总杠杆系数=（息税前利润+固定成本）/［息税前利润-利息费用-优先股股息/（1-所得税税率）］，而息税前利润=边际贡献-固定成本，因此选项ACD正确。

5.25 斯尔解析 ABD 本题考查的是资本结构理论。修正的MM理论认为企业可

利用财务杠杆增加企业价值，因负债利息可带来避税利益，企业价值会随着资产负债率的增加而增加，选项AB正确、选项C错误；修正的MM理论还认为有负债企业的股权成本等于相同风险等级的无负债企业的股权成本加上与以市值计算的债务与股权比例成比例的风险收益，选项D正确。

5.26 斯尔解析 ABCD 本题考查的是影响资本结构的因素。影响企业资本结构的因素有：

（1）企业经营状况的稳定性和成长性；

（2）企业的财务状况和信用等级；

（3）企业的资产结构；

（4）企业投资人和管理当局的态度；

（5）行业特征和企业发展周期；

（6）经济环境的税收政策和货币政策，选项ABCD均正确。

5.27 斯尔解析 AB 本题考查的是影响资本结构的因素。高新技术企业经营风险高，因此可降低债务资金比重，控制财务风险，应采用低负债的资本结构，选项C错误；当所得税税率较高时，债务资金的抵税作用大，企业应充分利用这种作用以提高企业价值，选项D错误；当企业为少数股东控制，股东通常重视企业控股权问题，为防止控制权稀释，企业一般尽量避免普通股筹资，而是采用优先股或债务筹资方式，选项B正确；如果产销业务量能够以较高的水平增长，可采用高负债的资本结构，以提升权益资本的报酬，选项A正确。

5.28 斯尔解析 ACD 本题考查的是资本结构优化的方法。可用于资本结构优化决策的方法主要有：每股收益分析法、平均资本成本比较法、公司价值分析法，选项ACD正确；选项B主要用于分析企业经营的安全程度。

三、判断题

5.29 斯尔解析 × 本题考查的是优先股的资本成本。根据优先股资本成本的一般模式，K=优先股股利/［优先股发行价格×（1–筹资费用率）］，因此优先股发行价格越高，其资本成本越低，因此本题说法错误。

5.30 斯尔解析 × 本题考查的是平均资本成本的价值权重选取问题。计算加权平均资本成本，采用市场价值权数，能够反映现时的资本成本水平，不能反映未来资本结构，因此本题说法错误。

5.31 斯尔解析 √ 本题考查的是平均资本成本比较法的含义。平均资本成本比较法是通过计算和比较各种可能的筹资组合方案的平均资本成本，选择平均资本成本率最低的方案。即能够降低平均资本成本的资本结构，就是合理的资本结构。这种方法侧重于从资本投入的角度对筹资方案和资本结构进行优化分析，因此本题说法正确。

5.32 斯尔解析 √ 本题考查的是杠杆效应与企业风险的关系。因为总杠杆系数=经营杠杆系数×财务杠杆系数，所以在总杠杆系数（总风险）一定的情况下，经营杠杆系数与财务杠杆系数此消彼长。若经营杠杆水平较高，其经营风险较高，其所能承担的财务风险较低，故应保持较低的负债水平。反之，经营风险较低，其所能承担的财务风险较高，故可以保持较高的负债水平，因此本题说法正确。

5.33 斯尔解析 × 本题考查的是资本结构理论。优序融资理论下，企业的筹资优序模式首先是内部筹资，其次是借款、发行债券、可转换债券，最后是发行新股筹资，因此本题说法错误。

5.34 斯尔解析 √ 本题考查双重股权结构。同股不同权制度能避免企业内部股权纷争，保障企业创始人或管理层对企业的控制权，防止公司被恶意收购；提高企业运行效率，有利于企业的长期发展，因此本题说法正确。

四、计算分析题

5.35 斯尔解析 本题考查的是各类筹资方式个别资本成本的计算。

（1）长期借款的资本成本率=4.8%×（1-25%）=3.6%

（2）发行债券的资本成本率=5 600×6%×（1-25%）/6 000=4.2%

（3）普通股的资本成本率=4%+1.5×（10%-4%）=13%

（4）平均资本成本率=3.6%×3 000/20 000+4.2%×6 000/20 000+13%×11 000/20 000
=8.95%

5.36 斯尔解析 本题考查的是各类杠杆系数的计算。

（1）2016年度的息税前利润=（0.8-0.4）×100 000-20 000=20 000（万元）

（2）

①经营杠杆系数=（0.8-0.4）×100 000/20 000=2

②财务杠杆系数=20 000/（20 000-4 000）=1.25

③总杠杆系数=2×1.25=2.5

5.37 斯尔解析 本题考查的是每股收益无差别点的计算。

（1）（EBIT-6 000×6%）×（1-25%）/（3 000+600）=（EBIT-6 000×6%-2 400×8%）×（1-25%）/3 000，解得：EBIT=1 512（万元）。

（2）追加筹资后的预计息税前利润=3 600×（1-50%）-600=1 200（万元）

（3）应当选择A方案增发普通股筹资。因为追加筹资后的预计息税前利润1 200万元小于每股收益无差别点息税前利润1 512万元，所以应当选择股权筹资，即选择A方案。

5.38 斯尔解析 本题考查的是公司价值分析法。

（1）A=10%×（1-25%）×300/3 538.64+13.2%×3 238.64/3 538.64=12.72%

B=（600-600×10%）×（1-25%）/13.6%=2 977.94（万元）

C=2 977.94+600=3 577.94（万元）

（2）债务市场价值为600万元时的资本结构为该公司的最佳资本结构，因为此时公司价值最大，平均资本成本最低。

5.39 斯尔解析 本题考查项目资本成本的计算。

（1）乙企业$\beta_{资产}$=1.41/［1+（1-25%）×（4/6）］=0.94

该汽车项目的$\beta_{权益}$=0.94×［1+（1-25%）×3/7］=1.24

权益资本成本=4.5%+1.24×（11.5%-4.5%）=13.18%

（2）加权平均资本成本=9%×（1-25%）×3/10+13.18%×7/10=11.25%

第六章 投资管理

一、单项选择题

6.1 下列投资活动中，属于间接投资的是（ ）。

A.建设新生产线　　B.开办新的子公司

C.吸收合并其他企业　　D.购买公司债券

6.2 某公司预计其生产流水线报废时的净残值为1万元，税法规定净残值为1.5万元。已知公司在项目期初对该生产流水线投入的建设资金为20万元，投入的营运资金为5万元。假设公司适用的所得税税率为25%，则该生产流水线报废引起的预计现金净流量为（ ）万元。

A.3.795　　B.1.125　　C.5.175　　D.6.125

6.3 A公司某项设备近期正在进行更新改造，该设备的原值为50 000元，已计提折旧30 000元，目前市面上同类新设备的价格为80 000元。现A公司计划将该旧设备出售，预计售价为10 000元。假设所得税税率为25%，则该项目建设期现金净流量为（ ）元。

A.-80 000　　B.-70 000　　C.-72 500　　D.-67 500

6.4 某投资项目需要在第一年年初投资840万元，寿命期为10年，每年可带来营业现金流量180万元，已知按照必要收益率计算的10年期年金现值系数为7.0，则该投资项目的年金净流量为（ ）万元。

A.60　　B.120　　C.96　　D.126

6.5 下列各项中，由于计提折旧而减少的所得税税额可用（ ）进行计算。

A.折旧额×所得税税率

B.折旧额×（1-所得税税率）

C.（付现成本+折旧）×所得税税率

D.（付现成本+折旧）×（1-所得税税率）

6.6 下列各项因素中，不会对投资项目内含收益率指标计算结果产生影响的是（ ）。

A.原始投资额　　B.资本成本

C.项目计算期　　D.现金净流量

6.7 某投资项目各年现金净流量按13%折现时，净现值大于零；按15%折现时，净现值小于零。则该项目的内含收益率一定（ ）。

A.大于14% B.小于14% C.小于13% D.小于15%

6.8 某公司投资18.6万元购入一台设备，预计使用5年，预计净残值0.6万元，按照直线法计提折旧。设备投产后预计每年税后营业利润为2.4万元，则该项目的投资回收期为（ ）年。

A.2.8 B.3.1 C.3.9 D.4.2

6.9 某公司计划投资建设一条新生产线，投资总额为60万元，预计新生产线投产后每年可为公司新增税后营业利润4万元，生产线的年折旧额为6万元，则该投资的静态回收期为（ ）年。

A.5 B.6 C.10 D.15

6.10 某公司拟投资900万元于一个游乐园建设项目，预计该项投资的周期为4年，每年现金净流量依次为240万元、300万元、400万元、360万元，则该项目的投资回收期为（ ）年。

A.2.7 B.3 C.2.9 D.2.8

6.11 采用静态回收期法进行项目评价时，下列表述错误的是（ ）。

A.若每年现金净流量不相等，则无法计算静态回收期

B.静态回收期法没有考虑资金时间价值

C.若每年现金净流量相等，则静态回收期等于原始投资额除以每年现金净流量

D.静态回收期法没有考虑回收期后的现金流量

6.12 对于两个寿命期相同、原始投资额现值不同的互斥投资方案，最为适用的决策指标是（ ）。

A.净现值 B.内含收益率

C.年金净流量 D.动态投资回收期

6.13 下列各项中，属于证券资产的系统风险的是（ ）。

A.公司研发风险 B.破产风险

C.再投资风险 D.违约风险

6.14 下列各项中，属于证券资产系统性风险的是（ ）。

A.变现风险 B.违约风险

C.破产风险 D.购买力风险

6.15 某ST公司在2018年3月5日宣布其发行的公司债券本期利息总额为8 980万元将无法于原定付息日2018年3月9日全额支付，仅能够支付500万元，则该公司债务的投资者面临的风险是（　　）。

A.价格风险　　B.购买力风险

C.变现风险　　D.违约风险

6.16 债券内在价值计算公式中不包含的因素是（　　）。

A.债券期限　　B.债券票面利率

C.债券市场价格　　D.债券面值

6.17 某债券面值为50元，票面利率为10%，期限为3年，每年年末付息一次，市场利率为8%，则该债券的价值为（　　）元。已知（P/A，8%，3）=2.5771，（P/F，8%，3）=0.7938。

A.50　　B.46.39　　C.52.58　　D.53.79

6.18 长宏公司购入一种准备永久持有的股票，预计每年股利为0.4元/股，购入该类股票应获得的报酬率为10%，则其价值为（　　）元。

A.2　　B.3　　C.4　　D.4.4

6.19 某投资者购买X公司股票，购买价格为100万元，当期分得现金股利5万元，当期期末X公司股票市场价格上升到120万元。则该投资产生的资本利得为（　　）万元。

A.20　　B.15　　C.5　　D.25

6.20 甲公司已进入稳定增长状态，固定股利增长率4%，股东必要收益率10%。公司最近一期已支付每股股利0.75元，预计下一年的股票价格是（　　）元。

A.7.5　　B.13　　C.12.5　　D.13.52

6.21 下列关于基金投资的说法中，错误的是（　　）。

A.基金投资者利益共享且风险共担

B.某项基金资产30%投资于股票，70%投资于货币市场工具，该基金属于货币市场基金

C.主动型基金是指由基金经理主动操盘寻找超越基准组合表现的投资组合进行投资

D.公募基金是指面向社会公众公开发售的基金，募集对象不确定，投资金额较低

6.22 甲售出1股股票看跌期权，执行价格为50元，看跌期权的价格为5元。如果到期日的股票价格为48元，甲投资该期权的净损益是（　　）元。

A.2　　B.3　　C.-2　　D.-3

6.23 市场上有一份看涨期权，标的资产为股票，执行价格为27元，看涨期权的价格为2.5元。如果到期日股票的市场价格为37元，则购买该看涨期权到期日的净损益为（ ）元。

A.2.5 B.10 C.-10 D.7.5

6.24 关于期权合约，下列表述正确的是（ ）。

A.买入看涨期权方的净收益没有上限

B.卖出看涨期权方的净收益没有上限

C.买入看跌期权方的净收益没有上限

D.卖出看跌期权方的净收益没有上限

二、多项选择题

6.25 按照企业投资的分类，下列各项中，属于战术性投资的有（ ）。

A.企业间兼并合并的投资 B.更新替换旧设备的投资

C.大幅度扩大生产规模的投资 D.配套流动资金投资

6.26 采用净现值法评价投资项目可行性时，贴现率选择的依据通常有（ ）。

A.市场利率 B.期望最低投资收益率

C.企业平均资本成本率 D.投资项目的内含收益率

6.27 下列说法中，属于净现值指标缺点的有（ ）。

A.贴现率不易确定

B.不适用于独立投资方案的比较决策

C.没有直接考虑投资风险的大小

D.无法直接反映项目的实际收益率

6.28 如果某一投资项目的净现值为负数，则关于该项目的说法中，正确的有（ ）。

A.该项目内含收益率小于零

B.该项目内含收益率小于项目的预期收益率

C.该项目内含收益率大于项目的预期收益率

D.该项目不可行

6.29 某项目需要在第一年年初投资76万元，寿命期为6年，每年年末产生现金净流量20万元。已知（P/A，14%，6）=3.8887，（P/A，15%，6）=3.7845。若公司根据内含收益率法认定该项目具有可行性，则该项目的必要投资收益率不可能为（ ）。

A.16% B.13% C.14% D.15%

6.30 下列投资项目评价指标中，考虑货币时间价值的有（ ）。

A.现值指数 B.内含收益率

C.静态回收期 D.净现值

6.31 下列关于互斥投资方案决策的说法中，正确的有（ ）。
A.互斥投资方案的实质在于选择最优方案
B.互斥决策以方案的获利数额作为评价标准
C.寿命期相同时，用净现值进行决策；寿命期不同时，用年金净流量进行决策
D.对于原始投资额现值不相等的互斥投资方案决策，现值指数和内含收益率有时无法做出正确决策

6.32 运用年金成本法对设备重置方案进行决策时，应考虑的现金流量有（ ）。
A.旧设备年营运成本
B.旧设备残值变价收入
C.旧设备的初始购置成本
D.旧设备目前的变现价值

6.33 证券投资的风险分为系统风险和非系统风险两大类，下列各项中，属于非系统风险的有（ ）。
A.研发失败风险
B.生产事故风险
C.通货膨胀风险
D.利率变动风险

6.34 下列影响债券价值的说法中，正确的有（ ）。
A.债券期限越短，债券票面利率对债券价值的影响越小
B.市场利率与债券价值呈反向变动关系
C.长期债券对市场利率的敏感性小于短期债券
D.市场利率低于票面利率时，债券价值对市场利率的变化较为敏感

6.35 在票面利率小于市场利率的情况下，根据债券估价基本模型，下列关于债券价值的说法中，正确的有（ ）。
A.票面利率上升，债券价值上升
B.付息周期增加，债券价值下降
C.市场利率上升，债券价值下降
D.期限变长，债券价值下降

6.36 下列关于增长型基金、收入型基金、平衡型基金的说法中，正确的有（ ）。
A.收入型基金的投资对象集中于风险较低的蓝筹股，以获得更加稳定的资本增值
B.平衡型基金既关注是否能够获得资本增值，也关注收入问题
C.增长型基金风险＞平衡型基金风险＞收入型基金风险
D.增长型基金收益＞收入型基金收益＞平衡型基金收益

6.37 下列关于证券投资基金业绩评价的说法中，错误的有（ ）。
A.在基金业绩评价时应当以风险调整前的收益为评价指标
B.随着基金规模的增加，基金的平均成本会上升
C.收益率波动越明显，算术平均收益率相比几何平均收益率差异越大
D.某基金收益率为6%，沪深300指数收益率为8%，从相对收益来看该基金实现盈利

6.38 甲公司股票目前市价为20元，有1股以该股票为标的资产的看涨期权，期限为6个月，执行价格为24元，期权价格为4元。若到期日股价为30元，则下列各项中，正确的有（　　）。

A.买入看涨期权到期日价值为6元

B.卖出看涨期权到期日价值为-6元

C.买入看涨期权净损益为-2元

D.卖出看涨期权净损益为-2元

三、判断题

6.39 投资管理是企业战略性的决策，是一种程序化的管理。（　　）

6.40 对内投资均为直接投资，对外投资可以是直接投资，如联合投资，也可以是间接投资，如购买证券资产。（　　）

6.41 投资管理的原则包括可行性分析原则、结构平衡原则、动态监控原则，但无需考虑对环境的影响。（　　）

6.42 进行固定资产投资时，税法规定的净残值与预计的净残值不同，终结期计算现金流量时应考虑所得税影响。（　　）

6.43 净现值法可直接用于对寿命期不同的互斥投资方案进行决策。（　　）

6.44 对单个投资项目进行财务可行性评价时，利用净现值法和现值指数法所得出的结论是一致的。（　　）

6.45 证券资产的特点包括价值虚拟性、不可分割性、持有目的多元性、强流动性、高风险性。（　　）

6.46 证券资产发行者无法按时兑付证券资产利息和偿还本金的可能性属于变现风险，是一种系统性风险，多发生于债券投资。（　　）

6.47 不考虑其他因素的影响，如果债券的票面利率大于市场利率，则该债券的期限越长，其价值就越低。（　　）

6.48 由于债券的面值、期限和票面利息通常是固定的，因此债券给持有者所带来的未来收益仅为利息收益。（　　）

6.49 假设其他条件不变，市场利率变动，债券价格反方向变动，即市场利率上升，债券价格下降。（　　）

6.50 依据固定股利增长模型，股票投资内部收益率由两部分构成，一部分是预期股利收益率D_1/P_0，另一部分是股利增长率g。（　　）

四、计算分析题

6.51 某企业拟进行固定资产投资，该投资项目的经营期为5年，固定资产的投资额为800万元。采用直线法计提折旧，税法规定该设备的残值率为10%，该企业的所得税税率为25%。已知该企业各年度的税前营业利润如下表：

年份	1	2	3	4	5
税前营业利润（万元）	220	240	200	230	140

要求：

（1）计算下列指标并填列下表：

①年折旧额；

②各年度税后营业利润；

③各年度营业现金流量。

年份	1	2	3	4	5
年折旧额（万元）					
税后营业利润（万元）					
营业现金流量（万元）					

（2）计算该投资项目的静态回收期。

6.52　甲公司拟投资100万元购置一台新设备，年初购入时支付20%的款项，剩余80%的款项下年年初付清。新设备购入后可立即投入使用，使用年限为5年，预计净残值为5万元（与税法规定的净残值相同），按直线法计提折旧。新设备投产时需垫支营运资金10万元，设备使用期满时全额收回。新设备投入使用后，该公司每年新增税后营业利润11万元。该项投资要求的必要收益率为12%。相关货币时间价值系数如下表所示：

货币时间价值系数表

期数（n）	1	2	3	4	5
（P/F，12%，n）	0.8929	0.7972	0.7118	0.6355	0.5674
（P/A，12%，n）	0.8929	1.6901	2.4018	3.0373	3.6048

要求：

（1）计算新设备每年折旧额。

（2）计算新设备投入使用后第1～4年营业现金净流量（$NCF_{1\sim4}$）。

（3）计算新设备投入使用后第5年现金净流量（NCF_5）。

（4）计算原始投资额。

（5）计算新设备购置项目的净现值（NPV）。

6.53　乙公司为了扩大生产能力，拟购买一台新设备，该投资项目相关资料如下：

资料一：新设备的投资额为1 800万元，经济寿命期为10年。采用直线法计提折旧，预计期末净残值为300万元。假设设备购入即可投入生产，不需要垫支营运资金，该企业计提折旧的方法、年限、预计净残值等与税法规定一致。

资料二：新设备投资后第1～6年每年为企业增加营业现金净流量400万元，第7～10年每年为企业增加营业现金净流量500万元，项目终结时，预计设备净残值全部收回。

资料三：假设该投资项目的贴现率为10%，相关货币时间价值系数如下表所示。

相关货币时间价值系数表

期数（n）	4	6	10
（P/F，10%，n）	0.6830	0.5645	0.3855
（P/A，10%，n）	3.1699	4.3553	6.1446

要求：

（1）计算项目静态投资回收期。

（2）计算项目净现值。

（3）评价项目投资可行性并说明理由。

6.54　乙公司是一家机械制造企业，适用的所得税税率为25%。公司现有一套设备（以下简称旧设备）已经使用6年，为降低成本，公司管理层拟将该设备提前报废，另行购建一套新设备。新设备的投资于更新起点一次性投入，并能立即投入运营。设备更新后不改变原有的生产能力，但营运成本有所降低。会计上对于新旧设备折旧年限、折扣方法以及净残值等的处理与税法保持一致，假定折现率为12%，要求考虑所得税费用的影响。相关资料如下：

新旧设备相关资料　　　　金额单位：万元

项目	旧设备	新设备
原价	5 000	6 000
预计使用年限	12年	10年
已使用年限	6年	0年
净残值	200	400
当前变现价值	2 600	6 000
年折旧费（直线法）	400	560
年营运成本（付现成本）	1 200	800

相关货币时间价值系数如下：

相关货币时间价值系数

期数（n）	6	7	8	9	10
（P/F，12%，n）	0.5066	0.4523	0.4039	0.3606	0.3220
（P/A，12%，n）	4.1114	4.5638	4.9676	5.3282	5.6502

经测算，旧设备在其现有可使用年限内形成的净现金流出量现值为5 787.80万元，年金成本（即年金净流出量）为1 407.74万元。

要求：

（1）计算新设备在其可使用年限内形成的现金净流出量的现值（不考虑设备运营所带来的营业收入，也不把旧设备的变现价值作为新设备投资的减项）。

（2）计算新设备的年金成本（即年金净流出量）。

（3）指出净现值法与年金净流量法中哪一个更适于评价该设备更新方案的财务可行性，并说明理由。

（4）判断乙公司是否应该进行设备更新，并说明理由。

五、综合题

6.55 乙公司现有生产线已满负荷运转，鉴于其产品在市场上供不应求，公司准备购置一条生产线，公司及生产线的相关资料如下：

资料一：

乙公司生产线的购置有两个方案可供选择：A方案生产线的购买成本为7 200万元，预计使用6年，采用直线法计提折旧，预计净残值率为10%，生产线投产时需要投入营运资金1 200万元，以满足日常经营活动需要，生产线运营期满时垫支的营运资金全部收回，生产线投入使用后，预计每年新增销售收入11 880万元，每年新增付现成本8 800万元，假定生产线购入后可立即投入使用。B方案生产线的购买成本为200万元，预计使用8年，当设定贴现率为12%时，净现值为3 228.94万元。

资料二：

乙公司适用的企业所得税税率为25%，不考虑其他相关税金，公司要求的最低投资报酬率为12%，部分时间价值系数如表所示：

货币时间价值系数表

期数（n）	1	2	3	4	5	6	7	8
（P/F，12%，n）	0.8929	0.7972	0.7118	0.6355	0.5674	0.5066	0.4523	0.4039
（P/A，12%，n）	0.8929	1.6901	2.4018	3.0373	3.6048	4.1114	4.5638	4.9676

资料三：

乙公司目前资本结构（按市场价值计算）为：总资本40 000万元，其中债务资本16 000万元（市场价值等于其账面价值，平均年利率为8%），普通股股本24 000万元（市价6元/股，4 000万股），公司今年的每股股利（D_0）为0.3元，预计股利年增长率为10%，且未来股利政策保持不变。

资料四：

乙公司投资所需资金7 200万元需要从外部筹措，有两种方案可供选择：方案一为全部增发普通股，增发价格为6元/股。方案二为全部发行债券，债券年利率为10%，按年支付利息，到期一次性归还本金。假设不考虑筹资过程中发生的筹资费用。乙公司预期的年息税前利润为4 500万元。

要求：

（1）根据资料一和资料二，计算A方案的下列指标：

①投资期现金净流量；

②年折旧额；

③生产线投入使用后第1～5年每年的营业现金净流量；

④生产线投入使用后第6年的现金净流量；

⑤净现值。

（2）分别计算A、B方案的年金净流量，据以判断乙公司应选择哪个方案，并说明理由。

（3）根据资料二，资料三和资料四：

①计算方案一和方案二的每股收益无差别点（以息税前利润表示）；

②计算每股收益无差别点的每股收益；

③运用每股收益分析法判断乙公司应选择哪一种筹资方案，并说明理由。

（4）假定乙公司按方案二进行筹资，根据资料二、资料三和资料四计算：

①乙公司普通股的资本成本；

②筹资后乙公司的加权平均资本成本。

答案与解析

一、单项选择题

题号	答案	题号	答案	题号	答案	题号	答案	题号	答案
6.1	D	6.2	D	6.3	D	6.4	A	6.5	A
6.6	B	6.7	D	6.8	B	6.9	B	6.10	C
6.11	A	6.12	A	6.13	C	6.14	D	6.15	D
6.16	C	6.17	C	6.18	C	6.19	A	6.20	D
6.21	B	6.22	B	6.23	D	6.24	A		

二、多项选择题

题号	答案	题号	答案	题号	答案	题号	答案	题号	答案
6.25	BD	6.26	ABC	6.27	ABD	6.28	BD	6.29	AD
6.30	ABD	6.31	ABCD	6.32	ABD	6.33	AB	6.34	ABD
6.35	ABCD	6.36	BC	6.37	ABD	6.38	ABD		

三、判断题

题号	答案	题号	答案	题号	答案	题号	答案	题号	答案
6.39	×	6.40	√	6.41	×	6.42	√	6.43	×
6.44	√	6.45	×	6.46	×	6.47	×	6.48	×
6.49	√	6.50	√						

一、单项选择题

6.1 斯尔解析 D 本题考查的是投资的分类。间接投资是将资金投放于股票、债券等权益性资产上的企业投资，购买公司债券属于间接投资，选项D正确。选项ABC均属于直接投资，是将资金直接投放于形成生产经营能力的实体性资产。

6.2 斯尔解析 D 本题考查的是投资项目终结期现金流量的计算。

该生产流水线报废引起的预计现金净流量包括三个部分：

（1）固定资产变价净收入；

（2）固定资产变现净损益对现金净流量的影响；

（3）垫支营运资金的收回。

因此，报废时的预计现金净流量=净残值收入+（税法规定的净残值-净残值收入）×所得税税率+垫支营运资金的收回=1+（1.5-1）×25%+5=6.125（万元），因此选项D正确。

6.3 斯尔解析 D 本题考查的是投资项目现金流量的计算，有一定灵活性。虽然本题问的是“建设期”，但并非严格按照传统的建设期现金流量进行计算。根据题目可知，该投资活动包含两个环节，第一是变卖旧设备，第二是购置新设备。该项目建设期现金净流量包括新设备的购置支出、出售旧设备的变现收入以及变现净收益的纳税，因此项目建设期现金净流量=-80 000+10 000-［10 000-（50 000-30 000）］×25%=-67 500（元），选项D正确。

6.4 斯尔解析 A 本题考查的是年金净流量的计算。根据公式，年金净流量=净现值/年金现值系数，其中净现值=未来现金净流量现值-原始投资额现值=180×年金现值系数-840，因此年金净流量=（180×7-840）/7=60（万元），选项A正确。

6.5 斯尔解析 A 本题考查的是现金流量计算中的折旧抵税问题。折旧是通过所得税引起现金流量的变动，影响金额为“折旧×所得税税率”，选项A正确。具体推导过程可参考《打好基础》中对于营业期现金流量计算公式的提示部分。

6.6 斯尔解析 B 本题考查的是内含收益率的含义。内含收益率是指对投资方案未来的每年（选项C不当选）现金净流量（选项D不当选）进行贴现，使所得的现值恰好与原始投资额现值（选项A不当选）相等，从而使净现值等于零时的贴现率，这是不受资本成本影响的，因此选项B当选。

6.7 斯尔解析 D 本题考查的是内含收益率与净现值之间的关系。由于贴现率越高，净现值越低，这两者成反比例变动。按13%折现时，净现值大于零，说明令净现值等于零的内含收益率大于13%；按15%折现时，净现值小于零，说明令净现值等于零的内含收益率小于15%。因此该投资项目的内含收益率在13%～15%之间，选项D正确。

6.8 斯尔解析 B 本题考查的是投资回收期的计算。静态回收期=原始投资额/每年现金净流量，因此需要先算每年现金净流量。计算步骤上，建议“先计算折旧，再计算现金流”。年折旧=（18.6-0.6）/5=3.6（万元），现金净流量=税后营业利润+折旧=2.4+3.6=6（万元），因此该项目的投资回收期=原始投资额/每年现金净流=18.6/6=3.1（年），选项B正确。

6.9 斯尔解析 B 本题考查的是投资回收期的计算。静态回收期=原始投资额/每年现金净流量，因此需要先算每年现金净流量。计算步骤上，建议“先计算折旧，再计算现金流”。年折旧额=6（万元），每年的现金净流量=税后营业利润+折旧=4+6=10（万元），因此该项目的投资回收期=原始投资额/每年现金净流=60/10=6（年），选项B正确。

6.10 斯尔解析 C 本题考查的是投资回收期的计算。在未来每年现金净流量不相等的情况下，应把未来每年的现金净流量逐年加总，根据累计现金流量来确定回收期。静态回收期=M+第M年的尚未回收额/第（M+1）年的现金净流量项目投资回收期=2+（900-240-300）/400=2.9（年），选项C正确。

6.11 斯尔解析 A 本题考查的是静态回收期的含义以及优缺点。当每年现金净流量不相等时，应把未来每年的现金净流量逐年加总，根据累计现金流量来确定回收期。假设M是收回原始投资额的前一年，静态回收期=M+第M年的尚未回收额/第（M+1）年的现金净流量，选项A当选；选项BD为静态回收期的特点，表述正确，不当选；选项C为每年现金净流量相等时的静态回收期计算公式，表述正确，不当选。

6.12 斯尔解析 A 本题考查的是互斥投资方案的决策指标选用。回收期指标往往是辅助决策指标，不会是最为适用的指标，选项D错误；因为是互斥投资方案决策，因此最优指标应该能够反映绝对收益，选项B错误；因为两个项目的寿命期相同，因此最为适用指标为净现值，选项A正确；年金净流量适用于寿命期不同的互斥投资方案决策，虽然也可适用于寿命期相同的方案评价，但相较于净现值而言，该指标显得有些“多此一举”，因此本题的最佳方法仍为净现值，选项C错误。

6.13 斯尔解析 C 本题考查的是证券资产的风险。证券资产的系统性风险是指由于外部经济环境因素变化引起整个资本市场不确定性加强，从而对所有证券都产生影响的共同性风险。再投资风险是由于市场利率下降，而造成的无法通过再投资而实现预期收益的可能性，对所有证券资产都产生影响，因此选项C正确；选项ABD属于非系统性风险，均与有价证券所关联的实体资产有关，故错误。

6.14 斯尔解析 D 本题考查的是证券资产的风险。证券资产的系统风险是指由于外部经济环境因素变化引起整个资本市场不确定性加强，从而对所有证券都产生影响的共同性风险，主要包括：价格风险、再投资风险、购买力风险，选项D正确；选项ABC属于非系统性风险，均与有价证券所关联的实体资产有关，故错误。

6.15 斯尔解析 D 本题考查的是证券资产的风险。根据题干，该ST公司无法于原定付息日全额支付利息，属于违约风险，即证券资产发行者无法按时兑付证券资产利息和偿还本金的可能性。选项AB均属于系统性风险，关键词为“利率”，题干中无相关表述，故错误；选项C证券资产持有人无法在市场上以正常的价格平仓出货的可能性，不符合题干描述，故错误。

6.16 斯尔解析 C 本题考查的是债券价值的计算原理。根据债券内在价值的计算公式可知，影响债券价值的主要影响因素包括面值（选项D不当选）、票面利率（选项B不当选）、期限（选项A不当选）、贴现率（市场利率）。债券内在价值的计算与债券市场价格无关，选项C当选。

6.17 斯尔解析 C 本题考查的是债券价值的计算。根据公式V_b=I×（P/A，R，n）+M×（P/F，R，n），债券价值=50×10%×（P/A，8%，3）+50×（P/F，8%，3）=52.58（元），选项C正确。

6.18 斯尔解析 C 本题考查的是零增长模式下的股票估价模型。根据零增长模式V=D/R，股票价值V=0.4/10%=4（元），选项C正确。

6.19 斯尔解析 A 本题考查的是股票投资的收益。股票投资的收益由两部分构成：股利收益和资本利得（转让价差收益），因此该公司股票的资本利得=股票期末价格–股票期初价格=120–100=20（万元），选项A正确。

提示：股利不属于资本利得。

6.20 斯尔解析 D 本题考查的是固定股利增长模式下的股票估价模型。根据固定股利增长模型，下一年的股票价格=0.75×（1+4%）×（1+4%）/（10%–4%）=13.52（元），选项D正确。提示两点注意事项：第一，本题中“0.75元”是最近一期已支付的股利，属于D_0，而非D_1，因此在应用公式时要×（1+g）；第二，利用D_1所计算得出的是股价是当前的股价，即P_0，而题目要求的是下一年的股价P_1，因此仍需在D_1的基础上再×（1+4%），得到D_2，才能算出P_1。

6.21 斯尔解析 B 本题考查的是基金投资的分类。仅投资于货币市场工具的基金属于货币市场基金。某项基金资产30%投资于股票，70%投资于货币市场工具，该基金属于混合基金，选项B错误。

6.22 斯尔解析 B 本题考查期权合约。到期日股价48元小于期权的执行价格50元，买入看跌期权的投资人会选择行权，期权买方的到期日价值=50–48=2（元），期权买方的净损益=2–5=–3（元），则甲作为期权卖方的净损益为3元，选项B正确。

6.23 斯尔解析 D 本题考查期权合约。到期日股价37元大于执行价格27元，买入看涨期权到期日价值=37–27=10（元），期权净损益=10–2.5=7.5（元），选项D正确。

6.24 斯尔解析 A 本题考查期权合约。卖出看涨期权和卖出看跌期权方净收益最大为期权费用，选项BD错误；买入看涨期权方的净收益没有上限，选项A正确；买入看跌期权方，在标的资产市价为0时净收益最大，最大净收益=执行价格–期权费，选项C错误。

二、多项选择题

6.25 斯尔解析 BD 本题考查的是投资的分类。战术性投资，也叫作维持性投资，典型举例是更新替换旧设备的投资（涉及固定资产）和配套流动资金投资（涉及现金），选项BD正确；选项AC属于发展性投资，也叫作战略性投资，除此之外还包括转换新行业和开发新产品投资。

6.26 斯尔解析 ABC 本题考查的是净现值选用贴现率的参考标准。

贴现率选择的依据可以是：

（1）以市场利率为标准；

（2）以投资者希望获得的预期最低投资收益率为标准；

（3）以企业平均资本成本率为标准。

因此选项ABC正确，选项D错误。

6.27 斯尔解析 ABD 本题考查的是净现值法的优缺点。净现值法所使用的贴现率已经考虑了投资风险的大小，没有直接考虑投资风险大小的是内含收益率，选项C错误。选项ABD均为净现值法的缺点描述。

6.28 斯尔解析 BD 本题考查的是净现值和内含收益率之间的关系。如果某一投资项目的净现值为负数，则该项目不可行，选项D正确；此时该项目的内含收益率小于项目的预期收益率，选项B正确、选项C错误；仅从以上信息无法判断该项目的内含收益率是否小于零，选项A错误。

注意：如果一个项目的内含收益率为负数，则可以推出该项目的净现值为负数，但是如果净现值为负数，仅能得出内含收益率小于项目的预期收益率。

6.29 斯尔解析 AD 本题考查的是利用内含收益率进行项目决策。根据题目可知：20×（P/A，内含收益率，6）−76=0，（P/A，内含收益率，6）=3.8，所以内含收益率在14%～15%之间。因为项目具有可行性，所以内含收益率需大于必要收益率，因此必要收益率不能大于内含收益率区间的最大值15%，即必要收益率＜15%，选项AD当选。

6.30 斯尔解析 ABD 本题考查的是各类投资项目评价指标的基本原理。静态回收期没有考虑货币时间价值，直接用未来现金净流量累计到原始投资数额时所经历的时间作为静态回收期，选项C错误。选项ABD均运用了贴现的原理，因此均考虑了货币时间价值。

6.31 斯尔解析 ABCD 本题考查的是互斥投资方案的决策原理。选项ABC均为教材原文表述，不再赘述。针对选项D，“对于原始投资额现值不相等的互斥投资方案决策，内含收益率有时无法做出正确决策”是教材结论，正确。但该结论也同样适用于现值指数吗？答案是肯定的。因为现值指数本质上也是一个相对数指标，反映的是投资效率，而互斥方案应当依据投资效益来决策，原始投资额的大小并不影响决策的结论，因此选项D正确。

6.32 斯尔解析 ABD 本题考查的是年金成本法的计算原理。年金成本=成本总现值/年金现值系数，成本总现值=未来现金净流出现值，即考虑了项目各期现金流入量和流出量之后的净额，选项AD是投资期的现金流量，选项B是终结期的现金流量。旧设备的初始购置成本是沉没成本，不应考虑，选项C错误。

6.33 斯尔解析 AB 本题考查的是证券投资的风险。非系统风险是特定企业或特定行业所持有的，与政治、经济和其他影响所有资产的市场因素无关，选项AB均与特定企业相关，属于非系统风险；选项CD均为系统风险。

6.34 斯尔解析 ABD 本题考查的是债券价值的影响因素。长期债券对市场利率的敏感性会大于短期债券，在市场利率较低时，长期债券的价值远高于短期债券，在市场利率较高时，长期债券的价值远低于短期债券，选项C错误。

6.35 斯尔解析 ABCD 本题考查的是债券价值的影响因素。债券价值是未来债券利息和本金的现值合计数，票面利率上升，未来利息增加，则利息的现值增加，选项A说法正确；付息周期增加，付息频率降低，债券价值下降，选项B正确；计算债券价值时，折现率为市场利率，根据折现率与现值是反向变动的关系，市场利率上升会导致债券价值下降，选项C正确；随着债券期限延长，债券的价值会偏离债券的面值，折价债券，期限变长，债券价值下降，选项D正确。

注意：选项B属于超纲结论，简单了解即可——付息频率与债券价值的关系与以折价发行无关，因为付息频率的增加意味着债权人可以更早地拿到利息，其利息现值的总和更高，债券价值也就越高。

6.36 斯尔解析 BC 本题考查的是基金投资的分类。增长型基金主要投资于具有较好增长潜力的股票，投资目标为获得资本增值，较少考虑当期收入。收入型基金更加关注能否取得稳定的经常性收入，投资对象集中于风险较低的蓝筹股、公司及政府债券等，选项A错误；三种基金在收益上的排序为增长型基金收益＞平衡型基金收益＞收入型基金收益，选项D错误。

6.37 斯尔解析 ABD 本题考查的是基金业绩评价的相关内容。在基金业绩评价时应当以风险调整后的收益为评价指标，选项A错误；随着基金规模的增加，基金的平均成本会下降，选项B错误；某基金以沪深300作为业绩比较基准，当沪深300指数收益率为8%，该基金收益率为6%时，从绝对收益看确实盈利了，但其相对收益为-2%，选项D错误。

6.38 斯尔解析 ABD 本题考查期权合约。由于到期日股价30元大于执行价格24元，因此买入看涨期权到期日价值=30-24=6（元），选项A正确；买入看涨期权净损益=6-4=2（元），选项C错误；由于期权买方和卖方为零和博弈，所以，卖出看涨期权到期日价值为-6元，净损益为-2元，选项BD正确。

三、判断题

6.39 斯尔解析 × 本题考查的是投资管理的特点。投资管理是一种非程序化的管理，因此本题说法错误。

6.40 斯尔解析 √ 本题考查的是投资分类的辨析。对内投资均为直接投资，对外投资可以是直接投资，也可以是间接投资，观点正确，且举例也正确，因此本题说法正确。

6.41 斯尔解析 × 本题考查的是投资管理的原则。投资管理原则包括可行性分析原则、结构平衡原则、动态监控原则和环境可行性分析，即需要考虑对环境的影响，因此本题说法错误。

6.42 斯尔解析 √ 本题考查的是项目终结期现金流量的计算。若固定资产报废时的实际价值（即设备真实地卖了多少钱）和税法所认可的账面价值（即税法残值）之间存在差异，即产生“变现净损益”，则需要考虑所得税的问题，因此本题说法正确。

6.43 斯尔解析 × 本题考查的是净现值法的适用情况。净现值法不能直接用于对寿命期不同的互斥投资方案进行决策，要采用净现值法对寿命期不同的投资方案进行决策，需要将各投资方案均转化为相等的寿命期进行比较，因此本题说法错误。

6.44 斯尔解析 √ 本题考查的是现值指数法和净现值法的关系。现值指数法是净现值法的辅助方法，在各方案原始投资额现值相同时，实质上就是净现值法。对单个投资项目进行财务可行性评价时，净现值大于0、现值指数大于1，则项目可行，反之则不可行，因此本题说法正确。

6.45 斯尔解析 × 本题考查的是证券资产的特点。证券资产的特点之一是可分割性，即证券资产可以分割为一个最小的投资单位，因此本题说法错误。

6.46 斯尔解析 × 本题考查的是证券投资的风险。证券资产发行者无法按时兑付证券资产利息和偿还本金的可能性属于违约风险，是一种非系统性风险，因此本题说法错误。

6.47 斯尔解析 × 本题考查的是债券期限对债券价值的影响。如果债券的票面利率大于市场利率，则是溢价发行的债券，该债券的期限越长，其价值就越高，因此本题说法错误。

6.48 斯尔解析 × 本题考查的是债券投资的收益来源。

债券投资的收益是投资于债券所获得的全部投资收益，这些投资收益来源于三个方面：

（1）名义利息收益；

（2）利息再投资收益；

（3）价差收益，因此本题说法错误。

6.49 斯尔解析 √ 本题考查的是市场利率与债券价值的关系。债券的内在价值也称为债券的理论价格，是将在债券投资上未来收取的利息和收回的本金折为现值。而市场利率作为折现率，市场利率上升，债券价格是下降的，因此本题说法正确。

6.50 斯尔解析 √ 本题考查的是股票投资的收益率。从固定股利增长模型的公式"$R=D_1/P_0+g$"可以看出，股票投资内部收益率由两部分构成：一部分是预期股利收益率D_1/P_0，另一部分是股利增长率g，因此本题说法正确。

四、计算分析题

6.51 斯尔解析 本题考查的是项目现金流量和静态回收期的相关计算。

（1）年折旧额=800×（1-10%）/5=144（万元）

年份	1	2	3	4	5
年折旧额（万元）	144	144	144	144	144
税后营业利润（万元）	165	180	150	172.5	105
营业现金流量（万元）	309	324	294	316.5	249

（2）静态回收期=2+（800-309-324）/294=2.57（年）

6.52 斯尔解析 本题考查的是投资项目现金流量和净现值的相关计算。

（1）年折旧额=（100-5）/5=19（万元）

（2）$NCF_{1\sim4}$=11+19=30（万元）

（3）NCF_5=30+5+10=45（万元）

（4）原始投资额=100+10=110（万元）

（5）净现值=30×（P/A，12%，4）+45×（P/F，12%，5）-100×20%-10-100×80%×（P/F，12%，1）=30×3.0373+45×0.5674-20-10-80×0.8929=15.22（万元）

说明：

①看清题目，根据所要求的计算方法来判断现金流量符号的处理原则。本题采用净现值方法计算，因此“现金流入为正，现金流出为负”。

②根据题目条件，给出“税后营业利润”和“折旧”，因此应采用公式2进行计算，即营业现金净流量=税后营业利润+折旧。千万别画蛇添足再在“折旧”后面又乘以所得税税率，这是公式2，不是公式3，别混了！

③第（4）问极易犯错，因为题目要求的是原始投资额，而非原始投资额“现值”，因此无须贴现，直接将设备购置款与营运资金垫支金额相加即可。

④第（5）问与《只做好题》6.54的计算逻辑基本相同，差异有两点：第一，计算方法不同，所以现金流量符号处理原则不同；第二，6.54需要将付现成本和折旧换算成现金流［前者×（1-25%），后者×25%］，再进行贴现，而本题的第（2）、（3）问已经算好了现金流，无须再乘以所得税税率。另外，与第（4）问不同，在计算净现值时，需要将原始投资的这两笔金额进行贴现。

6.53 斯尔解析 本题考查的是投资项目财务评价指标的相关计算。

（1）项目静态投资回收期=原始投资额/每年现金净流量=1 800/400=4.5（年）

（2）项目净现值=-1 800+400×（P/A，10%，6）+500×（P/A，10%，4）×（P/F，10%，6）+300×（P/F，10%，10）

=-1 800+400×4.3553+500×3.1699×0.5645+300×0.3855

=952.47（万元）

（3）由于项目净现值大于0，所以该投资项目可行。

说明：

①第（1）问，根据未来现金流入的情况可知，回收期一定介于4年和5年之间，因此只需计算出是“4.×年”刚好使得未来现金流入之和等于原始投资即可，往后年份的现金流入之和早已超过了原始投资，故不需要考虑。

②第（2）问，500×（P/A，10%，4）×（P/F，10%，6）是对企业第7～10年每年为企业增加营业现金净流量500万元这一部分所进行的折现。由于从7～10年开始为500万元，因此可按照递延年金模型进行计算，分两次折现。第一次折现是4期年金，即500×（P/A，10%，4），此时已将4期现金流均折现至第六年年末，因此第二次折现是从第六年年末折现至0时点，采用6年的复利现值系数。

6.54 斯尔解析 本题考查的是固定资产更新决策问题。

（1）新设备的现金净流出量的现值

=6 000+800×（1-25%）×（P/A，12%，10）-560×25%×（P/A，12%，10）-400×（P/F，12%，10）

=6 000+600×5.6502-140×5.6502-400×0.3220

=8 470.29（万元）

（2）新设备的年金成本=8 470.29/（P/A，12%，10）=8 470.29/5.6502=1 499.11（万元）

（3）因为新旧设备的尚可使用年限不同，所以应该使用年金净流量法。

（4）新设备的年金成本高于旧设备，不应该更新。

说明：

①在采用成本总现值法或年金成本法计算时，一定要记得现金流量符号的处理原则是“现金流入为负，现金流出为正”。其中，常见的现金流入（按“减”处理）包括两项：其一是营业期的折旧抵税金额（560×25%），其二是终结期的残值收入金额（400）。

②在考虑所得税的情况下，付现成本需转换为税后付现成本，即“付现成本×（1−25%）”。另外，再次提醒各位，折旧抵税金额是“折旧×25%”，不是“×（1−25%）”。

③本题已说明“会计上对于新旧设备折旧年限、折扣方法以及净残值等的处理与税法保持一致”，因此不涉及固定资产变价净损益对现金流量的影响。

五、综合题

6.55 斯尔解析 本题考查的是投资项目现金流量计算、财务评价指标计算、每股收益无差别点法、资本成本的计算。

（1）

①投资期现金净流量NCF_0=−（7 200+1 200）=−8 400（万元）

②年折旧额=7 200×（1−10%）/6=1 080（万元）

③生产线投入使用后第1～5年每年的营业现金净流量$NCF_{1\sim5}$=（11 880−8 800）×（1−25%）+1 080×25%=2 580（万元）

④生产线投入使用后第6年的现金净流量NCF_6=2 580+1 200+7 200×10%=4 500（万元）

⑤净现值=−8 400+2 580×（P/A，12%，5）+4 500×（P/F，12%，6）

=−8 400+2 580×3.6048+4 500×0.5066=3 180.08（万元）

（2）

A方案的年金净流量=3 180.08/（P/A，12%，6）=3 180.08/4.1114=773.48（万元）

B方案的年金净流量=3 228.94/（P/A，12%，8）=3 228.94/4.9676=650（万元）

由于A方案的年金净流量大于B方案的年金净流量，因此乙公司应选择A方案。

（3）

①（EBIT−16 000×8%）×（1−25%）/（4 000+7 200/6）=（EBIT−16 000×8%−7 200×10%）×（1−25%）/4 000

EBIT=（5 200×2 000−4 000×1 280）/（5 200−4 000）=4 400（万元）

②每股收益无差别点的每股收益=（4 400−16 000×8%）×（1−25%）/（4 000+7 200/6）=0.45（元）

③该公司预期息税前利润4 500万元大于每股收益无差别点的息税前利润4 400万元，所以应该选择财务杠杆较大的方案二债券筹资。

（4）

①乙公司普通股的资本成本=0.3×（1+10%）/6+10%=15.5%

②筹资后乙公司的加权平均资本成本=15.5%×24 000/（40 000+7 200）+8%×（1−25%）×16 000/（40 000+7 200）+10%×（1−25%）×7 200/（40 000+7 200）=11.06%

说明：

①第（1）问，第6年为终结期，其现金流量包括营业期现金净流量（2 580）、垫支营运资金收回（1 200）和残值收入（7 200×10%）。因此，在计算净现值时，最后一个式子4 500×（P/F，12%，6）已经包含了垫支营运资金收回和残值收入，无须额外考虑。

②第（3）问，在计算每股收益无差别点时，分母为股数，因此除了原有的4 000万股之外，还需要计算新增的股数，即7 200/6=1 200（万股）。

第七章　营运资金管理

一、单项选择题

7.1　一般而言，营运资金指的是（　　）。

A.流动资产减去速动资产的余额　　B.流动资产减去货币资金的余额

C.流动资产减去流动负债的余额　　D.流动资产减去存货后的余额

7.2　下列关于营运资金的管理原则中，错误的是（　　）。

A.满足正常资金需求　　B.提高资金使用效率

C.节约资金使用成本　　D.维持长期偿债能力

7.3　某公司资产总额为10 000万元，其中永久性流动资产为2 800万元，临时性流动资产为1 600万元，该公司长期资金来源金额为8 100万元，不考虑其他情形，可以判断该公司的融资策略属于（　　）。

A.期限匹配融资策略　　B.保守融资策略

C.激进融资策略　　D.风险匹配融资策略

7.4　下列流动资产融资策略中，收益和风险均较低的是（　　）。

A.保守融资策略　　B.激进融资策略

C.风险匹配融资策略　　D.期限匹配融资策略

7.5　下列关于流动资产的保守融资策略的说法中，错误的是（　　）。

A.长期融资支持全部非流动资产

B.长期融资支持全部永久性流动资产

C.长期融资支持全部波动性流动资产

D.短期融资仅支持部分波动性流动资产

7.6　某公司发现某股票的价格因突发事件而大幅度下降，预判有很大的反弹空间，但苦于没有现金购买。这说明该公司持有的现金未能满足（　　）。

A.投机性需求　　B.预防性需求

C.决策性需求　　D.交易性需求

7.7　下列与现金持有量相关的各项成本中，不属于成本模型所考虑的是（　　）。

A.机会成本　　B.管理成本

C.短缺成本　　D.交易成本

7.8 某企业预计每月现金需要量为300 000元，每次转换有价证券的交易成本为100元，有价证券的月利率为1%，则根据存货模式，每月有价证券的最佳交易次数为（　　）次。

A.3.87　　B.3.32　　C.4.43　　D.4.03

7.9 某上市公司利用随机模型确定最佳现金持有量，已知现金余额下限为200万元，目标现金余额为360万元，则现金余额上限为（　　）万元。

A.480　　B.560　　C.960　　D.680

7.10 某企业根据现金持有量随机模型进行现金管理。已知现金最低持有量为15万元，现金余额回归线为80万元。如果公司现有现金220万元，此时应当投资于有价证券的金额是（　　）万元。

A.65　　B.95　　C.140　　D.205

7.11 下列关于收支两条线资金管理模式的说法中，错误的是（　　）。

A.应在银行设立两个账户

B.所有收入的现金必须进入收入户

C.外地分支机构的收入户可由各地自行管理，无须回笼总部

D.尽量压缩资金在结算环节的沉淀量

7.12 存货周转期为45天，应收账款周转期为60天，应付账款周转期为40天，则现金周转期为（　　）天。

A.45　　B.50　　C.60　　D.65

7.13 企业将资金投放于应收账款而放弃其他投资项目，就会丧失这些投资项目可能带来的收益，则该收益是（　　）。

A.应收账款的管理成本　　B.应收账款的机会成本

C.应收账款的坏账成本　　D.应收账款的短缺成本

7.14 应用“5C”系统评估顾客信用标准时，客户“能力”是指（　　）。

A.偿债能力　　B.盈利能力　　C.营运能力　　D.发展能力

7.15 A公司预测的年度赊销收入净额为1 200万元，应收账款平均收账期为30天，一年按360天计算，变动成本率为60%，资本成本率为10%，则应收账款的机会成本为（　　）万元。

A.20　　B.12　　C.6　　D.4

7.16 某企业第三季度的应收账款平均余额为285 000元。经测算，第三季度的平均日销售额为3 000元，企业规定的信用期限为75天，则应收账款平均逾期天数为（　　）天。

A.20　　B.95　　C.40　　D.43

7.17 以下各项与存货有关的成本费用中，不影响经济订货批量的是（　　）。

A.采购员的差旅费　　B.存货的保险费

C.采购部的基本开支　　D.存货的破损和变质损失

7.18 某企业全年需用A材料2 400吨，每次的订货成本为400元，每吨材料年储备成本为12元，则每年最佳订货次数为（　　）次。

A.12　　B.6　　C.3　　D.4

7.19 下列关于存货保险储备的表现中，正确的是（　　）。

A.较低的保险储备可降低存货缺货成本

B.保险储备的多少取决于经济订货量的大小

C.最佳保险储备能使缺货损失和保险储备的储存成本之和达到最低

D.较高的保险储备可降低存货储存成本

7.20 某公司全年需用X材料18 000件，计划开工360天。该材料订货日至到货日的时间为5天，保险储备量为100件。该材料的再订货点是（　　）件。

A.100　　B.150　　C.250　　D.350

7.21 某公司全年需要零配件72 000件，假设一年按360天计算，按经济订货基本模型计算的最佳订货量为9 000件，订货日至到货日的时间为3天，公司确定的保险储备为1 000件，则再订货点为（　　）件。

A.1 600　　B.4 000　　C.600　　D.1 075

7.22 采用ABC控制法进行存货管理时，应该重点控制的存货类别是（　　）。

A.品种较多的存货　　B.数量较多的存货

C.库存时间较长的存货　　D.单位价值较大的存货

7.23 某企业向银行借款500万元，利率为5.4%，银行要求保留10%的补偿性余额，则该借款的实际利率为（　　）。

A.6%　　B.4.91%　　C.4.86%　　D.5.4%

7.24 某企业获批100万元的周转信贷额度，约定年利率为10%，承诺费率为0.5%，年度内企业实际动用贷款60万元，使用了12个月，则该笔业务在当年实际发生的借款成本为（　　）万元。

A.10　　B.6　　C.6.2　　D.10.2

7.25 下列关于短期融资券的表述中，错误的是（　　）。

A.短期融资券不向社会公众发行

B.必须具备一定信用等级的企业才能发行短期融资券

C.相对于发行公司债券而言，短期融资券的筹资成本较高

D.相对于银行借款筹资而言，短期融资券的一次性筹资数额较大

7.26 某企业规定的信用条件是："3/10，1/20，n/30"。某客户从该企业购入原价为10 000元的原材料，并于第15天付款，则该客户实际支付的货款为（　　）元。

A.9 700　　B.9 800　　C.9 900　　D.10 000

7.27 甲公司按照供应商所提供的"2/10，N/40"的信用条件购入货物，该公司放弃现金折扣的信用成本（假设一年按360天计算）是（　　）。

A.18%　　B.18.37%　　C.24%　　D.24.49%

二、多项选择题

7.28 下列各项中，属于紧缩的流动资产投资策略特征的有（　　）。

A.维持低水平的流动资产与销售收入比率

B.流动资产的持有成本较低

C.对企业的管理水平有较高的要求

D.提高企业的收益水平

7.29 企业持有现金，主要出于交易性、预防性和投机性三大需求，下列各项中，体现了交易性需求的有（　　）。

A.为满足季节性库存的需求而持有现金

B.为避免因客户违约导致的资金链意外断裂而持有现金

C.为提供更长的商业信用期而持有现金

D.为在证券价格下跌时买入证券而持有现金

7.30 确定预防性需求的现金数额时，需要考虑的因素有（　　）。

A.企业愿冒现金短缺风险的程度　　B.企业预测现金收支可靠的程度

C.企业临时融资的能力　　D.企业业务的季节性

7.31 在确定目标现金余额的存货模型中，需要考虑的相关现金成本有（　　）。

A.机会成本　　B.短缺成本　　C.管理成本　　D.交易成本

7.32 在利用存货模型和随机模型进行最佳现金持有量决策时，下列成本因素中均被考虑在内的有（　　）。

A.机会成本　　B.交易成本　　C.短缺成本　　D.管理成本

7.33 下列各项措施中，能够缩短现金周转期的有（　　）。

A.减少对外投资　　B.延迟支付货款

C.加速应收账款的回收　　D.加快产品的生产和销售

7.34 运用应收账款余额控制模式进行应收账款管理可以发挥的作用有（　　）。

A.预测公司的现金流量　　B.预计应收账款的水平

C.反映应付账款的周转速度　　D.评价应收账款的收账效率

7.35 为了加快资金周转，H公司计划将其账龄在6～12个月的对Y公司的应收账款出售给有关银行。银行与H公司商定在赊销到期时支付货款，但H公司未将债权转让情况通知Y公司，货款到期时仍由H公司出面催款。上述业务中，包括的保理种类有（　　）。

A.融资保理　　B.到期保理　　C.暗保理　　D.明保理

7.36 关于企业应收账款保理，下列表述正确的有（　　）。

A.增强了资产的流动性　　B.是资产证券化的一种形式

C.具有融资功能　　D.能够减少坏账损失

7.37 下列成本费用中，一般属于存货变动储存成本的有（　　）。

A.存货资金应计利息　　B.存货毁损和变质损失

C.仓库折旧费　　D.库存商品保险费

7.38 根据存货经济批量模型，下列各项中，导致存货经济订货批量增加的情况有（　　）。

A.单位储存成本增加　　B.存货年需求量增加

C.订货固定成本增加　　D.单位订货变动成本增加

7.39 下列各项中，属于企业利用商业信用进行筹资的形式有（　　）。

A.应付票据　　B.应付账款　　C.租赁　　D.预收账款

7.40 一般而言，与短期融资券和短期借款相比，商业信用融资的优点有（　　）。

A.融资数额较大　　B.融资条件宽松

C.融资机动权大　　D.不需提供担保

三、判断题

7.41 营运资金可通过迅速变卖，获取现金，应付临时性资金需求，这体现了营运资金的变动性。（　　）

7.42 在销售边际毛利较高的产业，如果从额外销售中获得的利润超过额外应收账款所增加的成本，宽松的信用政策可能为企业带来更为可观的收益。（　　）

7.43 紧缩型流动资产投资策略下，企业一般会维持较高水平的流动资产与销售收入比率，因此财务风险与经营风险小。（　　）

7.44 生产经理和销售经理都更加喜欢宽松的流动资产投资策略，而财务管理人员则更倾向于紧缩的流动资产投资策略。（　　）

7.45 如果企业的销售额不稳定，但可以预测（如季节性变化），则只需将流动资产投资维持在较低水平。（　　）

7.46 某公司推行适时制（JIT），对公司管理水平提出了更高的要求，因此该公司应采用宽松的流动资产投资策略。（　　）

7.47 一般而言，企业通过短期负债来满足本企业所需资金的融资手段是较为保守的。（　　）

7.48 不考虑其他因素的影响，如果企业临时融资能力较强，则其预防性需求的现金持有量一般较低。（ ）

7.49 企业持有现金的机会成本主要是指企业为了取得投资机会而发生的佣金、手续费等有关成本。（ ）

7.50 账龄分析表揭示了应收账款变化趋势，并给出了应收账款分布的模式，当各月之间的销售额变化很大时，账龄分析表可能发出错误信号。（ ）

7.51 应收账款保理中，从风险角度看，有追索权的保理相对于无追索权的保理对供应商更有利，对保理商更不利。（ ）

7.52 在银行授予企业的信贷额度中，信贷额度具有法律义务。（ ）

7.53 周转信贷协定的有效期通常超过1年，且银行并不承担必须支付全部信贷数额的义务。（ ）

7.54 企业向银行借款时，如果银行要求一定比例的补偿性余额，则提高了借款的实际利率水平。（ ）

7.55 由于商业信用筹资无须支付利息，所以不属于债务筹资。（ ）

7.56 应付账款是供应商给企业的一种商业信用，采用这种融资方式是没有成本的。（ ）

7.57 企业利用商业信用筹资比较机动、灵活，而且期限较短，不会恶化企业的信用水平。（ ）

四、计算分析题

7.58 丙公司是一家机械加工制造企业，现就2021年的现金持有量展开讨论，相关讨论如下：

（1）财务部A同事：公司可以按照存货模式确定现金持有量。按照过往经验，公司平均每周的现金需要量为12 000元，全年使用量均衡。每次出售有价证券转换现金的交易成本为312元，资金的机会成本率为10%。

（2）财务部B同事：公司可以按照随机模式确定现金持有量。按照过往经验，全年现金持有量上限水平为120 000元，下限水平为42 000元。

要求：

（1）根据A同事的说法，计算：

①公司全年最佳现金持有量；

②全年持有现金的机会成本的最小值（假定全年共52周）。

（2）根据B同事的说法，当公司现金持有量为125 000元时，计算公司有价证券的投资额。

7.59 D公司是一家服装加工企业，2011年营业收入为3 600万元，营业成本为1 800万元，日购货成本为5万元。该公司与经营有关的购销业务均采用赊账方式。假设一年按360天计算。D公司2011年12月31日的简化资产负债表如下：

单位：万元

资产	金额	负债和所有者权益	金额
货币资金	211	应付账款	120
应收账款	600	应付票据	200
存货	150	应付职工薪酬	255
流动资产合计	961	流动负债合计	575
固定资产	850	长期借款	300
非流动资产合计	850	负债合计	875
—	—	实收资本	600
—	—	留存收益	336
—	—	所有者权益合计	936
资产合计	1 811	负债和所有者权益总计	1 811

要求：

（1）计算D公司2011年的营运资金数额。

（2）计算D公司2011年的应收账款周转期、应付账款周转期、存货周转期以及现金周转期（为简化计算，应收账款、存货、应付账款的平均余额均以期末数据代替）。

（3）在其他条件相同的情况下，如果D公司利用供应商提供的现金折扣，则对现金周转期会产生何种影响？

（4）在其他条件相同的情况下，如果D公司增加存货，则对现金周转期会产生何种影响？

7.60 甲公司2018年度全年营业收入为4 500万元（全部为赊销收入），应收账款平均收现期为60天。公司产品销售单价为500元/件，单位变动成本为250元/件，若将应收账款所占用的资金用于其他风险投资，可获得的收益率为10%。2019年公司调整信用政策，全年销售收入（全部为赊销收入）预计增长40%，应收账款平均余额预计为840万元。假定全年按照360天计算。

要求：

（1）计算2018年应收账款平均余额。

（2）计算2018年变动成本率。

（3）计算2018年应收账款的机会成本。

（4）计算2019年预计的应收账款周转率和应收账款周转天数。

7.61　甲公司当年销售额为3 000万元（全部为赊销），变动成本率为50%，固定成本总额为100万元，应收账款平均收现期为30天，坏账损失占销售额的0.2%。公司为扩大市场份额，计划于次年放宽信用期限并开始提供现金折扣。经测算，采用新信用政策后销售额将增至3 600万元（全部为赊销），应收账款平均收现期延长到36天，客户享受到的现金折扣占销售额的0.5%，坏账损失占销售额的0.3%，变动成本率与固定成本总额保持不变。一年按360天计算，不考虑企业所得税等其他因素，并假设公司进行等风险投资的必要收益率为10%。

要求：

（1）计算公司采用新信用政策而增加的应收账款机会成本。

（2）计算公司采用新信用政策而增加的坏账损失与现金折扣成本。

（3）计算公司采用新信用政策而增加的边际贡献。

（4）计算新信用政策增加的损益，并据此判断改变信用政策是否合理。

7.62　甲公司是一家制造类企业，全年平均开工250天。为生产产品，全年需要购买A材料250 000件，该材料进货价格为150元/件，每次订货需支付运费、订单处理费等变动费用500元，材料年储存成本为10元/件。A材料平均交货时间为4天。该公司A材料满足经济订货基本模型各项前提条件。

要求：

（1）利用经济订货基本模型，计算A材料的经济订货批量和全年订货次数。

（2）计算按经济订货批量采购A材料的年存货相关总成本。

（3）计算A材料每日平均需用量和再订货点。

7.63　丙公司是一家设备制造企业，每年需要外购某材料108 000千克，现有S和T两家符合要求的材料供应企业，他们所提供的材料质量和价格都相同。公司计划从两家企业中选择一家作为供应商。相关数据如下：

（1）从S企业购买该材料，一次性入库。每次订货费用为5 000元，年单位材料变动储存成本为30元/千克。假设不存在缺货。

（2）从T企业购买该材料，每次订货费用为6 050元，年单位材料变动储存成本为30元/千克。材料陆续到货并使用，每日送货量为400千克，每日耗用量为300千克。

要求：

（1）利用经济订货基本模型，计算从S企业购买材料的经济订货批量和相关存货总成本。

（2）利用经济订货扩展模型，计算从T企业购买材料的经济订货批量和相关存货总成本。

（3）基于成本最优原则，判断丙公司应该选择哪家企业作为供应商。

7.64 丙商场季节性采购一批商品，供应商报价为1 000万元。付款条件为“3/10，2.5/30，N/90”。目前丙商场资金紧张，预计到第90天才有资金用于支付，若要在90天内付款只能通过借款解决，银行借款年利率为6%。假定一年按360天计算。有关情况如表所示：

单位：万元

付款日	折扣率	付款额	折扣额	放弃折扣的信用成本率	银行借款利息	享受折扣的净收益
第10天	3%	*	30	*	（A）	（B）
第30天	2.5%	*	（C）	（D）	*	15.25
第90天	0	1 000	0	0	0	0

注：表中“*”表示省略的数据。

要求：

（1）确定表中字母代表的数值（不需要列示计算过程）。

（2）请做出选择，并说明理由。

7.65 丙公司是一家汽车配件制造企业，近期销售量迅速增加。为满足生产和销售的需求，丙公司需要筹集资金495 000元用于增加存货，占用期限为30天。现有三个可满足资金需求的筹资方案：

方案1：利用供应商提供的商业信用，选择放弃现金折扣，信用条件为“2/10，N/40”。

方案2：向银行贷款，借款期限为30天，年利率为8%。银行要求的补偿性余额为借款额的20%。

方案3：以贴现法向银行借款，借款期限为30天，月利率为1%。

要求：

（1）如果丙公司选择方案1，计算其放弃现金折扣的机会成本。

（2）如果丙公司选择方案2，为获得495 000元的实际用款额，计算该公司应借款总额和该笔借款的实际年利率。

（3）如果丙公司选择方案3，为获得495 000元的实际用款额，计算该公司应借款总额和该笔借款的实际年利率。

（4）根据以上各方案的计算结果，为丙公司选择最优筹资方案。

答案与解析

一、单项选择题

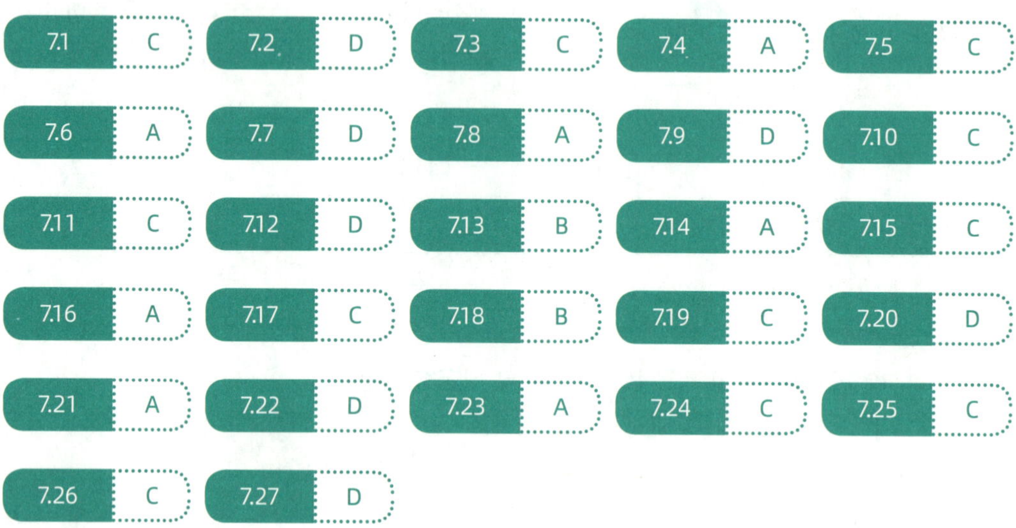

题号	答案	题号	答案	题号	答案	题号	答案	题号	答案
7.1	C	7.2	D	7.3	C	7.4	A	7.5	C
7.6	A	7.7	D	7.8	A	7.9	D	7.10	C
7.11	C	7.12	D	7.13	B	7.14	A	7.15	C
7.16	A	7.17	C	7.18	B	7.19	C	7.20	D
7.21	A	7.22	D	7.23	A	7.24	C	7.25	C
7.26	C	7.27	D						

二、多项选择题

题号	答案	题号	答案	题号	答案	题号	答案	题号	答案
7.28	ABCD	7.29	AC	7.30	ABC	7.31	AD	7.32	AB
7.33	BCD	7.34	ABD	7.35	BC	7.36	ACD	7.37	ABD
7.38	BD	7.39	ABD	7.40	BCD				

三、判断题

题号	答案	题号	答案	题号	答案	题号	答案	题号	答案
7.41	×	7.42	√	7.43	×	7.44	√	7.45	×
7.46	×	7.47	×	7.48	√	7.49	×	7.50	√
7.51	×	7.52	×	7.53	×	7.54	√	7.55	×
7.56	×	7.57	×						

一、单项选择题

7.1 斯尔解析 C 本题考查的是营运资金的基本定义。营运资金是指在企业生产经营活动中占用在流动资产上的资金。营运资金有广义和狭义之分，广义的营运资金是指一个企业流动资产的总额；狭义的营运资金是指流动资产减去流动负债后的余额，选项C正确。

7.2 斯尔解析 D 本题考查的是营运资金的管理原则。

营运资金的管理原则包括：

（1）满足正常资金需求（选项A说法正确，不当选）；

（2）提高资金使用效率（选项B说法正确，不当选）；

（3）节约资金使用成本（选项C说法正确，不当选）；

（4）维持短期偿债能力（选项D说法错误，当选）。

7.3 斯尔解析 C 本题考查的是流动资产融资策略类型的判断。第一步，分别求出长期需求和长期供给的和：长期需求=永久性流动资产+非流动资产=2 800+（10 000−2 800−1 600）=8 400（万元），长期供给=长期资金来源=8 100（万元），因为长期供给小于长期需求，故属于激进融资策略，选项C正确。

提示：本题也可以通过比较短期需求与短期供给的大小来判断，原理相同，同学们可自行尝试。

7.4 斯尔解析 A 本题考查的是流动资产融资策略的特点。期限匹配融资策略的特点是风险与成本适中，选项D错误；保守融资策略的特点是风险低、收益低、成本高，选项A正确；激进融资策略的特点是风险高、收益高、成本低，选项B错误；风险匹配融资策略不属于流动资产融资策略，选项C错误。

7.5 斯尔解析 C 本题考查的是保守融资策略的基本含义。长期融资支持非流动资产、永久性流动资产和部分波动性流动资产，因此选项AB说法正确、选项C说法错误；短期融资仅用于融通剩余的波动性流动资产，选项D说法正确。

7.6 斯尔解析 A 本题考查的是持有现金的动机。“某股票的价格因突发事件而大幅度下降，预判有很大的反弹空间，但苦于没有现金购买”说明该企业未能抓住突然出现的获利机会，未能满足持有现金的投机性需求，选项A正确。

7.7 斯尔解析 D 本题考查的是目标现金余额确定的成本模型。成本模型考虑的现金持有总成本包括机会成本、管理成本和短缺成本，选项ABC说法正确，不当选。交易成本是存货模型和随机模型所考虑的成本，选项D说法错误，当选。

7.8 斯尔解析 A 本题考查的是目标现金余额确定的存货模式。根据公式，先计算最佳现金持有量=$\sqrt{\frac{2\times 300\ 000\times 100}{1\%}}$=77 459.67（元），再计算最佳交易次数=现金需求量/最佳现金持有量=300 000/77 459.67=3.87（次），选项A正确。

7.9 斯尔解析 D 本题考查的是目标现金余额确定的随机模型。根据随机模型，现金余额上限指的是最高控制线H，根据公式，H=3R−2L=3×360−2×200=680（万元），选项D正确。

7.10 斯尔解析 C 本题考查的是目标现金余额确定的随机模型。根据随机模型，最高控制线H=3R-2L=3×80-2×15=210（万元），由于现金持有量220万元高于上限，则投资于有价证券的金额=220-R=220-80=140（万元），选项C正确。

7.11 斯尔解析 C 本题考查的是现金管理模式。收支两条线资金管理模式本质上是一种现金集中管理的模式，因此外地分支机构的收入户必须及时、足额地回笼总部，选项C当选。

7.12 斯尔解析 D 本题考查的是现金周转期的计算。根据公式，现金周转期=存货周转期+应收账款周转期-应付账款周转期=45+60-40=65（天），选项D正确。

7.13 斯尔解析 B 本题考查的是应收账款的成本。应收账款会占用企业一定量的资金，而企业若不把这部分资金投放于应收账款，便可以用于其他投资并可能获得收益，例如投资债券获得利息收入。这种因投放于应收账款而放弃其他投资所带来的收益，即为应收账款的机会成本，选项B正确；应收账款的管理成本主要是指进行应收账款管理所增加的费用，选项A错误；应收账款的坏账成本是指债务人由于种种原因无力偿还债务，债权人可能因此无法收回应收账款而发生的损失，选项C错误；应收账款不存在短缺成本，选项D错误。

7.14 斯尔解析 A 本题考查的是5C信用评价系统。在该评价系统中，“能力”指顾客的偿债能力。企业应着重了解顾客流动资产的数量、质量以及流动比率的高低，必要时还可实地考察顾客的日常运营状况，选项A正确。

7.15 斯尔解析 C 本题考查的是应收账款的机会成本。根据公式，应收账款的机会成本=年销售额/360×平均收现期×变动成本率×资本成本率=1 200/360×30×60%×10%=6（万元），选项C正确。

7.16 斯尔解析 A 本题考查的是应收账款的监控。根据公式，应收账款周转天数=285 000/3 000=95（天），平均逾期天数=应收账款周转天数-平均信用期天数=95-75=20（天），选项A正确。

7.17 斯尔解析 C 本题考查的是存货的成本。影响经济订货批量的成本包括变动订货成本和变动储存成本。采购员的差旅费属于变动订货成本，会影响经济订货批量，选项A不当选；存货的保险费和存货的破损和变质损失属于变动储存成本，会影响经济订货批量，选项BD不当选；采购部的基本开支属于固定订货成本，不影响经济订货批量，选项C当选。

7.18 斯尔解析 B 本题考查的是经济订货批量相关指标的计算。根据公式，经济订货批量=$\sqrt{\frac{2KD}{K_c}}=\sqrt{\frac{2\times400\times2\ 400}{12}}$=400（吨），因此最佳订货次数=年需求总量/经济订货批量=2 400/400=6（次），选项B正确。

7.19 斯尔解析 C 本题考查的是保险储备的含义与相关决策。保险储备的多少取决于存货短缺的概率和存货短缺的损失，而不取决于经济订货量的大小，选项B错误；较高的保险储备降低缺货损失，增加储存成本，选项D错误；较低的保险储备增加缺货损失，降低储存成本，选项A错误；最佳的保险储备应该是缺货损失和保险储备的储存成本之和达到最低，选项C正确。

7.20 斯尔解析 D 本题考查的是考虑保险储备情形下的再订货点的计算。根据公式，再订货点=L×d+B=18 000/360×5+100=350（件），选项D正确。

注意：公式中的d是每日平均需用量，需要用全年的需用量除以天数来计算（D/360）。

7.21 斯尔解析 A 本题考查的是考虑保险储备情形下的再订货点的计算。根据公式，再订货点=72 000/360×3+1 000=1 600（件），选项A正确。

注意：本题中给出了最佳订货量9 000件，但这个数据是干扰条件，因为最佳订货量或经济订货量不影响再订货点。

7.22 斯尔解析 D 本题考查的是存货的控制系统。ABC控制系统就是把企业种类繁多的存货，依据其重要程度、价值大小或者资金占用等标准分为三大类：A类高价值存货，品种数量约占整个存货的10%至15%，价值约占全部存货的50%至70%。A类存货应作为管理的重点，因此选项D正确。

注意：A类存货并不是数量较多的存货，相反，A类存货的数量通常较少。

7.23 斯尔解析 A 本题考查的是短期借款中补偿性余额的实际利率计算。根据公式，涉及补偿性余额的短期借款实际利率=利息/［名义本金×（1-补偿比例）］=500×5.4%/［500×（1-10%）］=6%，选项A正确。

注意：本题要求计算的是“利率”，而非“资本成本”，所以不需要扣除所得税。

7.24 斯尔解析 C 本题考查的是短期借款中周转信贷额度的相关计算。对于贷款限额中已使用部分，企业需要支付利息；对于贷款限额中未使用部分，企业需要支付承诺费。因此，该笔业务的实际借款成本由两部分组成，即支付的利息与承诺费之和，其中利息部分=60×10%=6（万元），承诺费部分=40×0.5%=0.2（万元），因此实际发生的借款成本=6+0.2=6.2（万元），选项C正确。

7.25 斯尔解析 C 本题考查的是短期融资券的含义、特点以及相关规定。短期融资券的发行对象是银行间债券市场的机构投资者，不向社会公众发行，选项A说法正确，不当选；发行短期融资券的企业需经过具备债券评级能力的评级机构的信用评级，选项B说法正确，不当选；相对于发行企业债券而言，发行短期融资券的筹资成本较低（因为只需要面向机构投资者发行，发行对象少，发行手续费低），选项C说法错误，当选；相对于银行借款筹资而言，短期融资券的一次性筹资数额较大，选项D说法正确，不当选。

7.26 斯尔解析 C 本题考查的是现金折扣的含义。由于该客户是在第15天付款，故适用的现金折扣是“1/20”，即享受的折扣为1%，则其实际支付的货款为10 000×（1-1%）=9 900（元），选项C正确。

7.27 斯尔解析 D 本题考查的是放弃现金折扣的信用成本计算。根据公式，放弃现金折扣的信用成本=［2%÷（1-2%）］×［360÷（40-10）］=24.49%，选项D正确。

二、多项选择题

7.28 斯尔解析 ABCD 本题考查的是紧缩的流动资产投资策略的特征。紧缩的流动资产投资策略下，企业维持低水平的流动资产与销售收入比率，选项A正确；采用紧缩的流动资产投资策略可以节约流动资产的持有成本，降低企业的资金成本，提高企业的收益水平，选项BD正确；采用紧缩的流动资产投资策略对企业的管理水平有较高的要求，因为一旦失控，由于流动资产的短缺，会对企业的经营活动产生重大影响，选项C正确。

7.29 斯尔解析 AC 本题考查的是持有现金的动机。企业的交易性需求是指企业为了维持日常周转及正常商业活动所需持有的现金额。企业为满足季节性库存的需求而持有现金，属于典型的交易性需求，企业需要持有现金购买存货，以等待销售旺季的到来，选项A正确；企业提供更长的商业信用期意味着企业将较晚收到客户支付的款项，因此为满足日常周转需要而持有现金，也属于交易性需求，选项C正确；选项B属于应付突发事件，体现预防性需求；选项D是企业需要持有一定量的现金以抓住突然出现的获利机会，体现投机性需求。

7.30 斯尔解析 ABC 本题考查的是持有现金动机中的预防性需求。企业业务的季节性，要求企业逐渐增加存货以等待季节性的销售高潮，这时一般会发生季节性的现金支出，企业现金余额下降属于交易性需求，选项D错误；确定预防性需求的现金数额时，需要考虑的因素有企业愿冒现金短缺风险的程度、企业预测现金收支可靠的程度、企业临时融资的能力，选项ABC正确。

提示：这是一个相对冷门的考点，请同学们适当关注。

7.31 斯尔解析 AD 本题考查的是目标现金余额确定的存货模型。存货模型中的相关现金成本包括机会成本和交易成本，选项AD正确；短缺成本和管理成本仅会在成本模型中考虑，选项BC错误。除此之外，成本模型也考虑机会成本。

7.32 斯尔解析 AB 本题考查的是目标现金余额确定的存货模型和随机模型。存货模型考虑的成本包括机会成本和交易成本，随机模型考虑的成本包括现金机会成本和转换成本（即交易成本），因此选项AB正确。

7.33 斯尔解析 BCD 本题考查的是缩短现金周转期的措施。现金周转期=存货周转期+应收账款周转期-应付账款周转期。如果要减少现金周转期，可以从以下方面着手：加快制造与销售产成品来减少存货周转期（选项D正确）；加速应收账款的回收来减少应收账款周转期（选项C正确）；减缓支付应付账款来延长应付账款周转期（选项B正确）；减少对外投资并不影响现金周转期的三个要素，因此选项A错误。

7.34 斯尔解析 ABD 本题考查的是应收账款监控中的账户余额模式。企业可以运用应收账款账户余额的模式来计划应收账款金额水平（选项B正确），衡量应收账款的收账效率（选项D正确）以及预测未来的现金流（选项A正确）。选项C中为“应付账款”而非“应收账款”，错误。

7.35 斯尔解析 BC 本题考查的是应收账款保理的分类。“保理商与供货商商定在赊销到期时支付货款”属于到期保理，即保理商不提供预付账款融资，选项B正确；“供货商未将债权转让情况通知客户，货款到期时仍由供货商出面催款”属于暗保理，选项C正确。

7.36 斯尔解析 ACD 本题考查的是应收账款保理的作用。应收账款保理不属于资产证券化，选项B错误。应收账款保理对于企业而言，其财务管理作用主要体现在：

（1）融资功能（选项C正确）；

（2）减轻企业应收账款的管理负担；

（3）减少坏账损失、降低经营风险（选项D正确）；

（4）改善企业的财务结构（应收账款与货币资金之间的转换，增强资产的流动性，提高债务清偿能力，选项A正确）。

7.37 斯尔解析 ABD 本题考查的是存货的成本。变动储存成本与存货的数量有关，如存货资金的应计利息（选项A正确）、存货的破损和变质损失（选项B正确）、存货的保险费用（选项D正确）等。仓库折旧费属于固定储存成本，选项C错误。

7.38 斯尔解析 BD 本题考查的是经济订货批量模型的应用。根据公式，存货经济订货批量= $\sqrt{\frac{2KD}{K_c}}$ ，单位储存成本与存货经济订货批量反向变动，选项A错误；存货年需求量、单位订货变动成本与存货经济订货批量同向变动，选项BD正确；订货固定成本与存货经济订货批量无关，选项C错误。

7.39 斯尔解析 ABD 本题考查的是商业信用的形式。企业利用商业信用进行筹资的形式包括应付账款、应付票据、预收货款和应计未付款，选项ABD正确；租赁不属于商业信用筹资，属于长期债务筹资，选项C错误。

7.40 斯尔解析 BCD 本题考查的是商业信用融资的特点。商业信用筹资的优点：商业信用容易获得，商业信用的提供方一般不会对企业的经营状况和风险做严格的考量（选项B正确）；企业有较大的机动权（选项C正确）；企业一般不用提供担保（选项D正确）。而发行融资券是通过资本市场进行融资，因此融资数额相对于短期借款、商业信用均较大，选项A错误。

三、判断题

7.41 斯尔解析 × 本题考查的是营运资金的特点。营运资金可通过迅速变卖，获取现金，应付临时性资金需求，这体现了营运资金的易变现性。而变动性指的是营运资金的占用形态经常变化，因此本题说法错误。

7.42 斯尔解析 √ 本题考查的是制定流动资产投资策略的考虑因素。本题说法正确。

7.43 斯尔解析 × 本题考查的是紧缩型流动资产投资策略的特点。紧缩型流动资产投资策略下，企业通常会维持较低水平的流动资产与销售收入比率，可以节约流动资产的持有成本，但与此同时可能伴随着更高风险。宽松型流动资产投资策略下，企业通常会维持较高水平的流动资产与销售收入比率，由于有较高的流动性，企业的财务风险与经营风险较小，因此本题说法错误。

7.44 斯尔解析 √ 本题考查的是流动资产投资策略的影响因素。生产经理通常喜欢高水平的原材料持有量，以满足生产所需，销售经理喜欢高水平的产成品存货以满足顾客的需要，而财务管理人员喜欢使存货和应收账款最小化，以便使流动资产融资的成本最低，因此本题说法正确。

7.45 斯尔解析 × 本题考查的是流动资产投资策略与销售额的稳定性和可预测性的关系。如果企业的销售额不稳定，但可以预测（如季节性变化），那么不存在显著风险，将流动资产投资控制在合理水平即可，因此本题说法错误。

7.46 斯尔解析 × 本题考查的是流动资产投资策略的应用。采用紧缩的流动资产投资策略，无疑对企业的管理水平有较高的要求。存货控制的适时管理系统（JIT），便是其中一个突出代表，因此本题说法错误。

7.47 斯尔解析 × 本题考查的是流动资产融资策略的基本含义。短期负债的期限短，到期还本的压力大，财务风险大。一般而言，企业通过短期负债来满足本企业所需资金的融资手段是较为激进的，因此本题说法错误。

7.48 斯尔解析 √ 本题考查的是持有现金的动机。预防性需求是指企业需要持有一定量的现金，以应付突发事件。企业临时融资的能力较强，当发生突发事件时，可以进行临时筹资，所以预防性需求的现金持有量一般较低，因此本题说法正确。

7.49 斯尔解析 × 本题考查的是持有现金机会成本的含义。持有现金的机会成本是指企业因持有一定现金余额丧失的再投资收益，因此本题说法错误。

7.50 斯尔解析 √ 本题考查的是账龄分析表的特点。本题说法正确。

7.51 斯尔解析 × 本题考查的是应收账款的保理。相对于无追索权的保理而言，有追索权的保理对保理商有利，如果购货商拒绝付款或无力付款，保理商有权向供应商要求偿还预付的货币资金，因此本题说法错误。

7.52 斯尔解析 × 本题考查的是短期借款中的信贷额度。一般情况下，在信贷额度内，企业可以随时按需要支用借款。但是，银行并不承担必须支付全部信贷数额的义务，因此本题说法错误。

7.53 斯尔解析 × 本题考查的是周转信贷协定的含义和特点。周转信贷协定的有效期通常超过1年，但银行有义务承诺提供不超过某一最高限额的贷款，因此本题说法错误。

7.54 斯尔解析 √ 本题考查的是涉及补偿性余额的短期借款的实际利率。根据公式，涉及补偿性余额的短期借款实际利率=利息/［名义本金×（1-补偿比例）］，如果银行要求了补偿性余额，分母变小，实际利率变大，即补偿性余额提高了借款的实际利率，加重了企业负担，因此本题说法正确。

7.55 斯尔解析 × 本题考查的是商业信用的基本含义。商业信用是指企业之间在商品或劳务交易中，由于延期付款或延期交货所形成的借贷信用关系，简言之，即利用“应付账款”筹资，当然属于债务筹资，因此本题说法错误。

7.56 斯尔解析 × 本题考查的是商业信用筹资中的应付账款。应付账款是供应商给企业提供的一种商业信用。由于购买者往往在到货一段时间后才付款，商业信用就成为企业短期资金来源。商业信用条件通常包括两种：第一，有信用期，但无现金折扣。第二，有信用期和现金折扣。第一种情况下使用商业信用融资没有成本，第二种情况下则会存在放弃现金折扣的成本，因此本题说法错误。

7.57 斯尔解析 × 本题考查的是商业信用筹资的特点。商业信用的期限短，还款压力大，对企业现金流量管理的要求很高。如果长期和经常性地拖欠账款，会造成企业的信誉恶化，因此本题说法错误。

四、计算分析题

7.58 斯尔解析 本题考查的是最佳现金持有量的确定。

（1）

①存货模式下，全年现金需要量=12 000×52=624 000（元）。

因此，全年最佳现金持有量= $\sqrt{\dfrac{2\times624\,000\times312}{10\%}}$ =62 400（元）。

②全年持有现金的机会成本的最小值=62 400/2×10%=3 120（元）

（2）根据H−R=2（R−L），求得：现金最优返回线水平R=（120 000+2×42 000）/3=68 000（元）。因此，当现金持有量为125 000元时，有价证券投资额=125 000−68 000=57 000（元）。

7.59 斯尔解析 本题考查的是营运资金的计算、现金周转期的计算及其应用。

（1）2011年营运资金数额=961−575=386（万元）

（2）应收账款周转期=600/（3 600/360）=60（天）

存货周转期=150/（1 800/360）=30（天）

应付账款周转期=120/5=24（天）

现金周转期=30+60−24=66（天）

说明：计算存货周转期的分子为营业成本，计算应付账款周转期的分子为购货成本。

（3）利用现金折扣，会缩短应付账款周转期，则现金周转期会延长。

（4）增加存货，则存货周转期延长，会造成现金周转期的延长。

7.60 斯尔解析 本题考查的是应收账款机会成本以及相关监控指标的计算。

（1）2018年应收账款平均余额=4 500×60/360=750（万元）

（2）2018年变动成本率=250/500=50%

（3）2018年应收账款机会成本=750×50%×10%=37.5（万元）

（4）2019年预计的应收账款周转率=4 500×（1+40%）/840=7.5（次）

2019年应收账款周转天数=360/7.5=48（天）

7.61 斯尔解析 本题考查的是信用政策决策的相关计算。

（1）公司采用新信用政策而增加的应收账款机会成本=3 600/360×36×50%×10%−3 000/360×30×50%×10%=5.5（万元）

（2）公司采用新信用政策而增加的坏账损失与现金折扣成本=3 600×（0.5%+0.3%）−30 000×0.2%=22.8（万元）

（3）公司采用新信用政策而增加的边际贡献=（3 600−3 000）×（1−50%）=300（万元）

（4）新信用政策增加的损益=300−5.5−22.8=271.7（万元）

因为新信用政策增加的损益大于0，所以改变信用政策合理。

7.62 斯尔解析 本题考查的是经济订货批量的相关计算。

（1）A材料的经济订货批量=$\sqrt{2\times 250\ 000\times 500}$=5 000（件）

全年订货次数=250 000/5 000=50（次）

（2）采购A材料的年存货相关总成本=$\sqrt{2\times 250\ 000\times 500\times 10}$=50 000（元）

（3）A材料每日平均需用量=250 000/250=1 000（件）

再订货点=1 000×4=4 000（件）

7.63 斯尔解析 本题考查的是经济订货基本模型和扩展模型的计算。

（1）从S企业购买材料：

经济订货批量=$\sqrt{\dfrac{2\times 108\ 000\times 5\ 000}{30}}$=6 000（千克）

相关存货总成本=$\sqrt{2\times 108\ 000\times 5\ 000\times 30}$=180 000（元）

（2）从T企业购买材料：

经济订货批量=$\sqrt{\dfrac{2\times 108\ 000\times 5\ 000}{30\times（1-300/400）}}$=13 200（千克）

相关存货总成本=$\sqrt{2\times 108\ 000\times 6\ 050\times 30\times（1-300/400）}$=99 000（元）

（3）从T企业购买材料的相关存货总成本小于从S企业购买材料的相关存货总成本，所以应选择T企业作为供应商。

7.64 斯尔解析 本题考查的是多方案下的放弃现金折扣决策。

（1）A=1 000×（1-3%）×6%/360×（90-10）=12.93（万元）

B=1 000×3%-12.93=17.07（万元）

C=1 000×2.5%=25（万元）

D=［2.5%/（1-2.5%）］×［360/（90-30）］=15.38%

说明：

①在计算银行借款利息时，需要注意两点：第一，本金不是1 000元，而需要扣除所享受的折扣，即实际本金=应付账款-折扣；第二，题目给出的利率为年利率，需要转换成计息期利率，即乘以（回款期-折扣期）除以360。

②净收益=折扣-支付银行的利息

③银行利息的计息期算法和放弃现金折扣的信用成本率的年化方法在公式上恰好是互为倒数关系。

（2）应当选择在第10天付款。

理由：在第10天付款，享受折扣净收益为17.07万元；在第30天付款，享受折扣净收益为15.25万元；在第90天付款，享受折扣净收益为0万元。应当选择享受折扣净收益最大的，所以应在第10天付款。

7.65 斯尔解析 本题考查的是流动负债相关资本成本或实际利率的计算。

（1）

放弃现金折扣的机会成本=［2%/（1−2%）］×［360/（40−10）］=24.49%

（2）

①应借款总额=495 000/（1−20%）=618 750（元）

或假设应借款总额为A，则A×（1−20%）=495 000，求解A=618 750（元）

②借款的实际年利率=618 750×8%/［618 750×（1−20%）］=10%

（3）

①应借款总额=495 000/（1−1%）=500 000（元）

或假设应借款总额为A，则A×（1−1%）=495 000，求解A=500 000（元）

说明：根据方案3，该笔借款金额的借款期限为30天，而提供的利率也是月利率，因此两者期限相同，可直接计算，无须换算。

②由于月利率为1%，因此年利率=1%×12=12%。

在贴现法下，借款的实际年利率=12%/（1−12%）=13.64%

说明：除了这种做法外，也可以先基于月利率的口径计算实际利率，再换算为年利率，即实际年利率=1%/（1−1%）×12=12.12%。虽然这两种方法的计算结果不同，但原则上应该都是正确的，并无孰优。

（4）方案2的实际年利率最低，所以丙公司应选择的是方案2。

说明：虽然方案1中的放弃现金折扣的机会成本大于方案2和方案3的借款利率，但是题干要求的资金占用期限为30天，故无法享受方案1中的现金折扣（10天内付款），且方案1中已经明确了“选择放弃现金折扣”，所以在方案比较时，仅需比较方案2和方案3。

第八章　成本管理

一、单项选择题

8.1 在企业的日常经营管理工作中，成本管理工作的起点是（　　）。

A.成本预测　B.成本核算　C.成本控制　D.成本分析

8.2 下列关于本量利分析基本假设的表述中，不正确的是（　　）。

A.产销平衡

B.产品产销结构稳定

C.销售收入与业务量呈完全线性关系

D.总成本由营业成本和期间费用两部分组成

8.3 根据本量利分析原理，下列计算利润的公式中，正确的是（　　）。

A.利润=盈亏平衡销售量×边际贡献率

B.利润=销售收入×变动成本率−固定成本

C.利润=（销售收入−盈亏平衡销售额）×边际贡献率

D.利润=销售收入×（1−边际贡献率）−固定成本

8.4 某汽车制造商的盈亏平衡作业率为70%，边际贡献率为30%，安全边际量2 400辆，单价为200万元，则实际销售额为（　　）亿元。

A.120　B.140　C.160　D.无法计算

8.5 甲公司只生产销售一种产品，变动成本率30%，盈亏临界点作业率40%，甲公司销售利润率是（　　）。

A.18%　B.12%　C.42%　D.28%

8.6 A公司销售收入为50万元，边际贡献率40%，该公司仅设有X和Y两个部门，其中X部门的变动成本为26万元，边际贡献率35%。下列说法中错误的是（　　）。

A.X部门边际贡献14万元　B.X部门销售收入40万元

C.Y部门销售收入10万元　D.Y部门变动成本6万元

8.7 基于本量利分析模式，各相关因素变动对利润影响程度的大小可用敏感系数来表达，其数值等于经营杠杆系数的是（　　）。

A.利润对销售量的敏感系数　B.利润对单位变动成本的敏感系数

C.利润对单价的敏感系数　D.利润对固定成本的敏感系数

8.8 某企业仅生产一种产品，单价100元，边际贡献率60%，每年固定成本600万元，预计下年产销量30万件，则价格对利润影响的敏感系数为（ ）。

A.8 B.5 C.2.5 D.1.5

8.9 某公司生产和销售单一产品，该产品单位边际贡献为2元，2020年销售量为40万件，利润为50万元。假设成本性态保持不变，则销售量对利润影响的敏感系数是（ ）。

A.0.60 B.0.80 C.1.25 D.1.60

8.10 甲公司是制造业企业，生产W产品，生产工人每月工作22天，每天工作8小时，平均月薪6 600元，该产品的直接加工必要时间每件1.5小时，正常工间休息和设备调整准备等非生产时间每件0.1小时，单位产品直接人工标准成本是（ ）。

A.56元 B.60元 C.62元 D.65元

8.11 下列各项中，一般不会导致直接人工工资率差异的是（ ）。

A.工资制度的变动 B.工作环境的好坏

C.工资级别的升降 D.加班或临时工的增减

8.12 企业生产X产品，工时标准为2小时/件，变动制造费用标准分配率为24元/小时，当期实际产量为600件，实际变动制造费用为32 400元，实际工时为1 296小时，则在标准成本法下，当期变动制造费用效率差异为（ ）元。

A.1 200 B.2 304 C.2 400 D.1 296

8.13 甲公司本月发生固定制造费用15 800元，实际产量1 000件，实际工时1 200小时，假设企业预算工时1 500小时，每件产品标准工时1小时，固定制造费标准分配率10元/小时，固定制造费用耗费差异是（ ）。

A.超支差异800元 B.超支差异3 000元

C.超支差异2 000元 D.超支差异5 000元

8.14 使用三因素法分析固定制造费用差异时，固定制造费用产量差异是（ ）。

A.实际工时偏离预算工时而形成的差异

B.实际费用与预算费用之间的差异

C.实际工时脱离实际产量标准工时形成的差异

D.实际产量标准工时偏离预算产量标准工时形成的差异

8.15 下列成本项目中，与传统成本法相比，运用作业成本法核算更具有优势的是（ ）。

A.直接材料成本 B.直接人工成本

C.间接制造费用 D.特定产品专用生产线折旧费

8.16 甲公司是一家冰箱生产企业，采用作业成本法核算产品成本，现正进行作业库设计，下列说法中错误的是（　　）。

A.冰箱加工属于产量级作业

B.冰箱设计属于品种级作业

C.冰箱工艺流程监控属于设施级作业

D.冰箱成品抽检属于批别级作业

8.17 下列各项中，应使用强度动因作为作业量计量单位的是（　　）。

A.产品的生产准备　　B.复杂产品的安装

C.接受订单数　　D.处理收据数

8.18 根据作业成本管理原理，某制造企业的下列作业中，属于增值作业的是（　　）。

A.产品检验作业　　B.产品运输作业

C.零件组装作业　　D.次品返工作业

8.19 在企业责任成本管理中，责任成本是成本中心考核和控制的主要指标，其构成内容是（　　）。

A.产品成本之和　　B.固定成本之和

C.可控成本之和　　D.不可控成本之和

8.20 对于成本中心而言，某项成本成为可控成本的条件不包括（　　）。

A.该成本是成本中心可以计量的

B.该成本的发生是成本中心可以预见的

C.该成本是成本中心可以调节和控制的

D.该成本是总部向成本中心分摊的

8.21 利润中心本期销售收入为7 000万元，变动成本总额为3 800万元，中心负责人可控的固定成本为1 300万元，其不可控但由该中心负担的固定成本为600万元，则该中心的可控边际贡献为（　　）万元。

A.1 900　　B.3 200　　C.5 100　　D.1 300

8.22 在下列业绩评价指标中，最适合评价利润中心部门业绩的是（　　）。

A.部门可控边际贡献　　B.部门边际贡献

C.投资收益率　　D.剩余收益

8.23 在采用价格型内部转移价格时，责任中心一般不对外销售且外部市场没有可靠报价的产品（或服务），其内部转移价格应该（　　）。

A.参照外部市场价或预测价制定模拟市场价

B.以外销价或活跃市场报价作为内部转移价格

C.在生产成本基础上加一定比例毛利作为内部转移价格

D.以标准成本等相对稳定的成本数据为基础制定

8.24 以协商价格作为内部转移价格时，该协商价格的下限通常是（　　）。

A.单位变动成本　　B.单位标准成本

C.单位制造成本　　D.单位市场价格

二、多项选择题

8.25 下列关于成本管理内容的说法中，正确的有（　　）。

A.成本预测是进行成本管理的第一步，也是组织成本决策和编制成本计划的前提

B.成本决策所考虑的是价值问题，具有较强的综合性

C.成本控制的关键是选取适用于本企业的成本控制方法

D.成本核算分为财务成本核算和管理成本核算，其中管理成本核算不可以用历史成本

8.26 在单一产品本量利分析中，下列成立的有（　　）。

A.盈亏平衡点作业率+安全边际率=1

B.变动成本率×营业毛利率=边际贡献率

C.安全边际率×边际贡献率=销售利润率

D.变动成本率+边际贡献率=1

8.27 下列各项指标中，与盈亏平衡点呈同向变化关系的有（　　）。

A.单位售价　　B.预计销量

C.固定成本总额　　D.单位变动成本

8.28 如果甲公司的经营处于盈亏临界点，下列表述正确的有（　　）。

A.经营杠杆系数等于零

B.安全边际等于零

C.销售额等于销售收入线与总成本线交点处销售额

D.边际贡献等于固定成本

8.29 某公司生产销售A、B、C三种产品，销售单价分别为20元、30元、40元；预计销售量分别为30 000件、20 000件、10 000件；预计各产品的单位变动成本分别为12元、24元、28元；预计固定成本总额为180 000元。按加权平均法进行产品的盈亏平衡分析，下列说法中正确的有（　　）。

A.综合边际贡献率为30%

B.综合盈亏平衡销售额为60万元

C.A产品和B产品的盈亏平衡销售额均为22.5万元

D.C产品的盈亏平衡销售量为3 750件

8.30 如果采用加权平均法计算综合盈亏平衡点，下列各项中，将会影响综合盈亏平衡点大小的有（　　）。

A.固定成本总额　　B.销售结构

C.单价　　D.单位变动成本

8.31 在多种产品盈亏平衡分析的方法中，分算法的关键是将全部固定成本按一定标准在各种产品之间进行合理分配，其中可以作为公共性固定成本分配标准的有（　　）。

A.各产品的边际贡献比重　　B.各产品的边际贡献率

C.各产品的销售额　　D.各产品的产品重量

8.32 在企业产品品种较多的情况下，可以按该主要品种的有关资料进行本量利分析需要满足的条件包括（　　）。

A.该产品所提供的边际贡献占企业边际贡献总额的比重较大

B.该产品代表了企业产品的主导方向

C.该产品的售价较高

D.该产品的变动成本较低

8.33 在标准成本差异的计算中，下列成本差异属于价格差异的有（　　）。

A.直接人工工资率差异　　B.变动制造费用耗费差异

C.固定制造费用能量差异　　D.变动制造费用效率差异

8.34 下列指标中，适用于对利润中心进行业绩考评的有（　　）。

A.投资收益率　　B.部门边际贡献

C.剩余收益　　D.可控边际贡献

三、判断题

8.35 成本管理应与企业生产经营特点和目标相适应，尤其要与企业发展战略或竞争战略相适应，这符合了成本管理的融合性原则。（　　）

8.36 成本计划是以现有条件为前提，在历史成本资料的基础上，根据未来可能发生的变化，利用科学的方法，对未来的成本水平及其发展趋势进行描述和判断的成本管理活动。（　　）

8.37 不考虑其他因素影响，固定成本每增加1元，边际贡献就减少1元。（　　）

8.38 只有边际贡献才能提供利润，而盈亏平衡销售额扣除变动成本后只为企业收回固定成本。（　　）

8.39 在企业盈利状态下进行利润敏感性分析，固定成本的敏感系数大于销售量的敏感系数。（　　）

8.40 理想标准成本考虑了生产过程中不可避免的损失、故障和偏差，属于企业经过努力可以达到的成本标准。（　　）

8.41 在标准成本法下，变动制造费用成本差异指的是实际变动制造费用与预算产量下的标准变动制造费用之间的差额。（　　）

8.42 在标准成本法下，固定制造费用成本差异是指固定制造费用实际金额与固定制造费用预算金额之间的差异。（　　）

8.43 在作业成本法下，一个作业中心只能包括一种作业。（　　）

8.44 增值成本是由增值作业产生，非增值成本是由非增值作业产生。（　　）

8.45 对作业和流程的执行情况进行评价时，使用的考核指标可以是财务指标也可以是非财务指标，其中非财务指标主要用于时间、质量、效率三个方面的考核。（ ）

8.46 可控边际贡献衡量了部门经理有效运用其控制下的资源的能力，是评价投资中心管理者业绩的理想指标。（ ）

8.47 在计算投资中心的剩余收益时，可以采用该投资中心自行规定的最低投资收益率。（ ）

8.48 投资中心的经理拥有包括制定价格、确定产品和生产方法等短期经营决策权，而且还不包括投资决策权和筹资决策权。（ ）

四、计算分析题

8.49 甲公司是一家制造业企业，只生产和销售一种产品。甲公司实行标准成本管理，定期分析生产成本的差异。已知甲公司2021年9月实际生产5 000件产品，其他相关资料如下：

	实际成本资料		标准成本资料	
	实际耗用量	实际价格	用量标准	标准价格
直接材料	280 000千克	20元/千克	50千克/件	15元/千克
直接人工	180 000小时	28元/小时	25小时/件	30元/小时
变动制造费用	250 000小时	15元/小时	40小时/件	10元/小时

要求：

（1）计算直接材料的数量差异、价格差异。

（2）计算直接人工的效率差异、耗费差异。

（3）计算变动制造费用的成本差异。

8.50 乙公司生产M产品，采用标准成本法进行成本管理。月标准总工时为23 400小时，月标准变动制造费用总额为84 240元。工时标准为2.2小时/件。假定乙公司本月实际生产M产品7 500件，实际耗用总工时15 000小时，实际发生变动制造费用57 000元。

要求：

（1）计算M产品的变动制造费用标准分配率。

（2）计算M产品的变动制造费用实际分配率。

（3）计算M产品的变动制造费用成本差异。

（4）计算M产品的变动制造费用效率差异。

（5）计算M产品的变动制造费用耗费差异。

8.51 甲公司生产某产品，预算产量为10 000件，单位标准工时为1.2小时/件，固定制造费用预算总额为36 000元。该产品实际产量为9 500件，实际工时为15 000小时，实际发生固定制造费用38 000元。公司采用标准成本法，将固定制造费用成本差异分解为三差异进行计算与分析。

要求：

（1）计算固定制造费用耗费差异。

（2）计算固定制造费用产量差异。

（3）计算固定制造费用效率差异。

（4）计算固定制造费用成本差异，并指出该差异属于有利还是不利差异。

五、综合题

8.52 戊公司只生产销售甲产品，该产品全年产销量一致。2013年固定成本总额为4 800万元，该产品生产和销售资料如表1所示。

表1 2013年甲产品生产和销售资料

项目	产销量（万台）	单价（元）	单位变动成本（元）
甲产品	17	500	200

经过管理层讨论，公司2014年目标利润总额为600万元（不考虑所得税）。假设甲产品单价和成本性态不变。为了实现利润目标，根据销售预测，对甲产品2014年四个季度的销售量做出如下预计，见表2。

表2 2014年分季度销售量预测数 单位：万台

季度	一	二	三	四	全年
预计销售量	3	4	5	6	18

每季末预计产成品存货占下个季度销售量的10%，2014年年末预计的产成品存货数为0.2万台。各季预计期初存货为上季末预计期末存货。2013年第四季度的期末存货为0.2万台。根据以上资料，戊公司编制2014年生产预算如表3所示。

表3 2014年生产预算表 单位：万台

季度	一	二	三	四	全年
预计销售量	*	4	5	6	*
加：预计期末产成品存货	（A）	0.5	*	0.2	0.2
合计	*	4.5	*	6.2	*
减：预计期初产成品存货	0.2	*	（C）	*	*
预计生产量	*	（B）	*	*	*

注：表中“*”表示省略的数据。

要求：

（1）计算甲产品2013年边际贡献总额和边际贡献率。

（2）计算甲产品2013年盈亏平衡销售量和盈亏平衡销售额。

（3）计算甲产品2013年安全边际量和安全边际率，并根据企业经营安全程度的一般标准，判断公司经营安全与否。

（4）确定表3中英文字代表的数值（不需要列示计算过程）。

8.53 甲公司是一家从事医疗器械生产和销售的企业，主要生产和销售M产品，公司基于市场发展开展财务规划，有关资料如下：

资料一：甲公司2021年资金平均占用额为3 100万元，经财务人员分析，其中不合理部分为100万元，预计2022年的销售增长为5%，资金周转降低10%。

资料二：为解决资金缺口，公司打算通过长期借款的方式筹集资金。经测算，当资金成本为7%时，本息和的现值为408.21万元；当资本成本为8%时，本息和的现值为392.02万元。

资料三：为进一步扩大业务规模，甲公司现决定增加一条生产线，用以生产新产品。该生产线运营期为5年，预计购置成本为200万元，首年年初支付，设备运营、维护、保养等费用每年20万元，年末支付。该设备的残值率为10%，按直线法计提折旧。该投资方案的现金流量如下表所示：

期数	0	1-4	5
购置成本	−200	—	—
折旧抵税	—	（A）	*
运营、维护、保养费等（税后）	—	（B）	*
残值收入	—	—	（C）

注：表中“*”表示省略的数据。

资料四：甲公司M产品的单位售价为600元，单位变动成本为450元，预计年产销量为2万件。新产品的预计年边际贡献总额为630万元，但是新产品可能会导致M产品的年销售量减少10%。

资料五：甲公司适用的所得税税率为25%，公司要求的最低投资收益率为12%，部分货币时间价值系数如下所示：（P/A，12%，5）=3.6048，（P/F，12%，5）=0.5674。

要求：

（1）根据资料一，计算甲公司2022年度的资金占用额及资金缺口数额。

（2）根据资料二，计算在贴现模式下该笔借款的资本成本率。

（3）根据资料三和资料五：

①确定表中字母所代表的数值（不需要列式计算过程）；

②计算新增生产线在其可使用年限内形成的现金净流出量现值（不考虑新生产线运营所带来的营业收入）。

（4）根据资料四，计算：

①新产品导致M产品的边际贡献减少额；

②新产品对甲公司边际贡献的增加额。

（5）根据资料三和资料四，计算新产品对甲公司2022年息税前利润的增加额。

答案与解析

一、单项选择题

题号	答案	题号	答案	题号	答案	题号	答案	题号	答案
8.1	A	8.2	D	8.3	C	8.4	C	8.5	C
8.6	D	8.7	A	8.8	C	8.9	D	8.10	B
8.11	B	8.12	B	8.13	A	8.14	A	8.15	C
8.16	C	8.17	B	8.18	C	8.19	C	8.20	D
8.21	A	8.22	B	8.23	A	8.24	A		

二、多项选择题

题号	答案	题号	答案	题号	答案	题号	答案	题号	答案
8.25	ABC	8.26	ACD	8.27	CD	8.28	BCD	8.29	ABCD
8.30	ABCD	8.31	ACD	8.32	AB	8.33	AB	8.34	BD

三、判断题

题号	答案	题号	答案	题号	答案	题号	答案	题号	答案
8.35	×	8.36	×	8.37	×	8.38	×	8.39	×
8.40	×	8.41	×	8.42	×	8.43	×	8.44	×
8.45	√	8.46	×	8.47	×	8.48	×		

一、单项选择题

8.1 斯尔解析 A 本题考查的是成本管理的内容。成本预测是进行成本管理的第一步，即成本管理工作的起点是成本预测，选项A正确。

8.2 斯尔解析 D 本题考查的是本量利分析的基本假设。

本量利分析主要假设条件包括：

（1）总成本由固定成本和变动成本两部分组成（选项D错误）；

（2）销售收入与业务量呈完全线性关系（选项C正确）；

（3）产销平衡（选项A正确）；

（4）产品产销结构稳定（选项B正确）。

8.3 斯尔解析 C 本题考查的是本量利分析中利润的计算。根据边际贡献方程式，利润=边际贡献-固定成本=销售收入×边际贡献率-盈亏平衡销售额×边际贡献率=（销售收入-盈亏平衡销售额）×边际贡献率，因此选项C正确；而边际贡献=销售收入×边际贡献率或销售收入×（1-变动成本率），因此选项BD错误；根据安全边际方程式，利润=安全边际额×边际贡献率，选项A错误。

8.4 斯尔解析 C 本题考查的是本量利分析中安全边际相关计算，有一定综合性。根据盈亏平衡作业率+安全边际率=1，得到：安全边际率=1-70%=30%，实际销售量=安全边际量/安全边际率=2 400/30%=8 000（辆），实际销售额=8 000×200=1 600 000（万元）=160（亿元），因此选项C正确。

8.5 斯尔解析 C 本题考查的是本量利分析中利润相关的计算。根据公式，销售利润率=边际贡献率×安全边际率=（1-变动成本率）×（1-盈亏平衡点作业率）=（1-30%）×（1-40%）=42%，因此选项C正确。

8.6 斯尔解析 D 本题考查的是本量利分析的相关计算，计算指标较多，有一定难度。变动成本率+边际贡献率=1，X部门变动成本率=1-35%=65%，X部门销售收入=26/65%=40（万元），选项B正确；X部门边际贡献=40×35%=14（万元），选项A正确；Y部门销售收入=50-40=10（万元），选项C正确；A公司总变动成本=50×（1-40%）=30（万元），Y部门变动成本=30-26=4（万元），选项D错误。

8.7 斯尔解析 A 本题考查的是敏感系数与杠杆系数的关系。根据公式，经营杠杆系数=息税前利润变动率/销售量变动率，某因素的敏感系数=利润变动率/因素变动率，结合两个式子可以发现，经营杠杆系数本质上就是利润对销售量的敏感分析，因此选项A正确。

8.8 斯尔解析 C 本题考查的是敏感系数的计算。单位变动成本=100×（1-60%）=40（元），则预计下年的息税前利润=（100-40）×30-600=1 200（万元）。假设价格增长10%（注意：题目未提供价格变动率，可自行假设，通常假设变动率为10%，计算简单），即100×（1+10%）=110（元），预计息税前利润=（110-40）×30-600=1 500（万元），利润变动率=（1 500-1 200）/1 200=25%，价格对利润影响的敏感系数为25%/10%=2.5，选项C正确。

8.9 斯尔解析 D 本题考查的是敏感系数的计算。根据本量利分析基本模型，假设该公司的固定成本为F，则40×2-F=50，可得F=30（元）。假设销售量增长10%（注意：题目未提供销售量变动率，可自行假设，通常假设变动率为10%，计算简单），则预计利润=40×（1+10%）×2-30=58（万元），利润变动率=（58-50）/50×100%=16%，销售量对利润影响的敏感系数=16%/10%=1.60，选项D正确。

8.10 斯尔解析 B 本题考查的是直接人工标准成本的制定。直接人工标准成本=单位产品的标准工时×小时标准工资率，其中标准工时需要考虑正常的工作间隙，并适当考虑生产条件的变化，生产工序、操作技术的改善，以及相关工作人员主观能动性的充分发挥等因素的合理性，因为标准工时=1.5+0.1=1.6（小时），小时标准工资率=6 000/22/8=37.5（元），因此，单位产品直接人工标准成本=37.5×1.6=60（元），选项B正确。

8.11 斯尔解析 B 本题考查的是直接人工成本差异的原因。工作环境和设备条件的好坏影响的是直接人工效率差异的原因，选项B不会导致直接人工工资率差异，当选。选项ACD均会导致直接人工工资率差异，不当选。

8.12 斯尔解析 B 本题考查的是变动制造费用差异分析。变动制造费用效率差异=（实际工时-实际产量下标准工时）×变动制造费用标准分配率=（1 296-600×2）×24=2 304（元），选项B正确。

8.13 斯尔解析 A 本题考查的是固定制造费用差异分析。固定制造费用耗费差异=固定制造费用实际成本-预算产量下标准工时×标准分配率=15 800-1 500×10=800（元）>0，属于超支差异，选项A正确。

8.14 斯尔解析 A 本题考查的是固定制造费用三差异分析法。固定制造费用产量差异=（预算产量下的标准工时-实际产量下的实际工时）×固定制造费用标准分配率，因此选项A正确；选项B是固定制造费用耗费差异；选项C是固定制造费用效率差异；选项D是固定制造费用能量差异。

8.15 斯尔解析 C 本题考查的是作业成本法的基本原理。对于直接费用的归集和分配，作业成本法与传统成本法一样，作业成本法是一种将间接成本和辅助费用更准确地分配到产品和服务的计算方法。选项AB属于典型的直接费用，选项D是“特定产品专用生产线”所产生的折旧费，也属于直接费用，可直接归集，因此选项ABD错误。间接制造费用属于间接成本，选项C正确。

8.16 斯尔解析 C 本题考查的是作业中心的类型。冰箱工艺流程监控属于品种级作业，选项C说法错误，当选。

8.17 斯尔解析 B 本题考查的是作业动因的类型辨析。强度动因是不易按照频率、次数或执行时间进行分配而需要直接衡量每次执行所需资源的成本动因，包括特别复杂产品的安装、质量检验等，选项B正确。选项ACD与执行频率或次数有关，属于交易动因。

8.18 斯尔解析 C 本题考查的是增值作业的判定。

一项作业必须同时满足三个条件才可断定为增值作业：

（1）该作业导致了状态的改变；

（2）该状态的变化不能由其他作业来完成；

（3）该作业使其他作业得以进行。

产品检验作业和产品运输作业不能改变产品的形态，不符合第1个条件，属于非增值作业，选项AB错误；次品返工作业属于重复作业，在其之前的加工作业本就应提供符合标准的产品，不符合第2个条件，所以也属于非增值作业，选项D

错误；零件组装作业可同时满足增值作业的三个条件，因此选项C正确。

8.19 斯尔解析 C 本题考查的是成本中心的职权范围。责任成本是成本中心考核和控制的主要内容，成本中心当期发生的所有可控成本之和就是其责任成本，选项C正确。

8.20 斯尔解析 D 本题考查的是成本中心可控成本的判定条件。可控成本是指成本中心可以控制的各种耗费，它应具备三个条件：第一，该成本的发生是成本中心可以预见的（选项B正确）；第二，该成本是成本中心可以计量的（选项A正确）；第三，该成本是成本中心可以调节和控制的（选项C正确）；“该成本是总部向成本中心分摊的”并不属于判定条件之一，选项D错误。

8.21 斯尔解析 A 本题考查的是利润中心的业绩评价指标计算。该中心的可控边际贡献=销售收入-变动成本-该中心负责人可控的固定成本=7 000-3 800-1 300=1 900（万元），选项A正确。

注意：如果要求计算部门边际贡献，才需要扣减不可控固定成本。

8.22 斯尔解析 B 本题考查的是利润中心的业绩评价指标。部门可控边际贡献反映了部门经理在其权限和控制范围内有效使用资源的能力，所以部门可控边际贡献是最适合评价利润中心部门经理的业绩评价指标，选项A错误；部门边际贡献反映了部门为企业利润和弥补与生产能力有关的成本所作的贡献，用于评价部门业绩而不是利润中心管理者的业绩，选项B正确；选项CD均为评价投资中心的指标。

8.23 斯尔解析 A 本题考查的是价格型转移定价的三种具体情形。责任中心所提供的产品（或服务）经常外销且外销比例较大的，或所提供的产品（或服务）有外部活跃市场可靠报价的，可以外销价或活跃市场报价作为内部转移价格，选项B错误；没有外部市场但企业出于管理需要设置为模拟利润中心的责任中心，可以在生产成本基础上加一定比例毛利作为内部转移价格，选项C错误；以标准成本等相对稳定的成本数据为基础，制定内部转移价格的方法属于成本型内部转移定价，选项D错误。

8.24 斯尔解析 A 本题考查的是内部转移价格的相关内容。以协商价格作为内部转移价格时，协商价格的上限是市场价格，下限则是单位变动成本，因此选项A正确。

二、多项选择题

8.25 斯尔解析 ABC 本题考查的是成本管理的内容。成本核算分为财务成本核算和管理成本核算。财务成本核算采用历史成本计量，而管理成本核算既可以用历史成本，又可以用现在成本或未来成本，因此选项D错误。

8.26 斯尔解析 ACD 本题考查的是本量利计算的相关公式。边际贡献率与变动成本率的关系是：边际贡献率+变动成本率=1。另外，在本量利分析中，不可能涉及“毛利”（营业收入-营业成本）的概念，因此选项B错误。

8.27 斯尔解析 CD 本题考查的是盈亏平衡分析。盈亏平衡销售量=固定成本/（单价-单位变动成本），可见，固定成本总额和单位变动成本与盈亏平衡点呈同向变化关系，选项CD正确；单价与盈亏平衡点呈反向变化关系，预计销量与

盈亏平衡点无关，选项AB错误。

8.28 斯尔解析 BCD 本题考查的是盈亏平衡分析（含本量利分析图）。甲公司的经营处于盈亏临界点，息税前利润为0，经营杠杆系数=边际贡献/息税前利润，分母为0，经营杠杆系数趋于无穷大，选项A错误；甲公司的经营处于盈亏临界点，所以实际销售额=盈亏临界点销售额，安全边际等于零，选项B正确；此时，息税前利润=销售收入－总成本=销售收入－变动成本－固定成本=边际贡献－固定成本=0，选项D正确；此时销售收入线与总成本线交叉，选项C正确。

8.29 斯尔解析 ABCD 本题考查的是产品组合盈亏平衡分析的加权平均法。

综合边际贡献率=∑各产品的边际贡献/∑各产品的销售收入

=480 000/1 600 000×100%=30%，选项A正确；

综合盈亏平衡销售额=180 000/30%=600 000（元），选项B正确；

A产品盈亏平衡销售额=600 000×（20×30 000÷1 600 000）=225 000（元）

B产品盈亏平衡销售额=600 000×（30×20 000÷1 600 000）=225 000（元）

选项C正确；

C产品盈亏平衡销售额=600 000×（40×10 000÷1 600 000）=150 000（元）

C产品盈亏平衡销售量=150 000÷40=3 750（件），选项D正确。

8.30 斯尔解析 ABCD 本题考查的是产品组合盈亏平衡分析的加权平均法。综合盈亏平衡点销售额=固定成本总额/综合边际贡献率，综合边际贡献率等于各种产品边际贡献率的加权平均，边际贡献率=（单价－单位变动成本）/单价。所以，固定成本总额、单价、单位变动成本都会影响综合盈亏平衡点大小，选项ACD正确。另外，综合边际贡献率计算中要用的权数受到销售结构的影响，选项B正确。

8.31 斯尔解析 ACD 本题考查的是产品组合盈亏平衡分析的分算法。对于应由多种产品共同负担的公共性固定成本，则应选择适当的分配标准（如销售额、边际贡献、工时、产品重量、长度、体积等）在各产品之间进行分配。鉴于固定成本需要由边际贡献来补偿，故按照各种产品的边际贡献比重分配固定成本的方法最为常见，选项ACD正确，选项B错误。

8.32 斯尔解析 AB 本题考查的是产品组合盈亏平衡分析的主要产品法。在企业产品品种较多的情况下，如果存在一种产品是主要产品，它提供的边际贡献占企业边际贡献总额的比重较大，代表了企业产品的主导方向，则可以按该主要品种的有关资料进行本量利分析，视同于单一品种，选项AB正确。

8.33 斯尔解析 AB 本题考查的是成本差异分析中的价格差异。直接材料价格差异、直接人工工资率差异、变动制造费用耗费差异均属于价格差异，选项AB正确；固定制造费用的差异分析不属于严格的量差或价差分析，选项C错误；变动制造费用效率差异属于数量差异，选项D错误。

8.34 斯尔解析 BD 本题考查的是利润中心的业绩评价指标。选项AC为投资中心考核指标，不当选。

注意：如果选项中有“边际贡献”，也不属于对利润中心的业绩考评指标。

三、判断题

8.35 斯尔解析 × 本题考查的是成本管理原则。题干描述符合适应性原则，而融合性原则是指成本管理应该以企业业务模式为基础，将成本管理嵌入业务的各领域、各层次、各环节、实现成本管理责任到人、控制到位、考核严格、目标落实，因此本题说法错误。

8.36 斯尔解析 × 本题考查的是成本管理的内容。成本预测是以现有条件为前提，在历史成本资料的基础上，根据未来可能发生的变化，利用科学的方法，对未来的成本水平及其发展趋势进行描述和判断的成本管理活动。因此本题说法错误。

注意：成本预测是进行成本管理的第一步，也是组织成本决策和编制成本计划的前提。而成本计划是以营运计划和有关成本数据、资料为基础，根据成本决策所确定的目标，通过一定的程序，运用一定的方法，针对计划期企业的生产耗费和成本水平进行的具有约束力的成本筹划管理活动。

8.37 斯尔解析 × 本题考查的是边际贡献的基本定义。边际贡献总额=销售收入-变动成本总额，所以固定成本不影响边际贡献，因此本题说法错误。

8.38 斯尔解析 × 本题考查的是安全边际的经济意义。只有安全边际才能提供利润，因此本题说法错误。而边际贡献的经济意义是：首先用于补偿企业的固定成本，只有当边际贡献大于固定成本时（即产生安全边际）才能为企业提供利润。

8.39 斯尔解析 × 本题考查的是敏感系数。在企业盈利状态下进行利润敏感分析，销售量的敏感系数一定大于0，即销售量与利润同向变动；而固定成本的敏感系数一定小于0，即固定成本与利润反向变动。因此，固定成本的敏感系数小于销售量的敏感系数，本题说法错误。

8.40 斯尔解析 × 本题考查的是理想标准成本和正常标准成本的辨析。题干的描述符合正常标准成本的定义，而理想标准成本则是指在生产过程无浪费、机器无故障、人员无闲置、产品无废品的假设条件下制定的成本标准，因此本题说法错误。

8.41 斯尔解析 × 本题考查的是变动制造费用成本差异分析。变动制造费用成本差异指的是实际变动制造费用与实际产量下的标准变动制造费用之间的差额，因此本题说法错误。

注意：所有项目的总差异都是“实际”与“标准”的比较，且该“标准”的口径为“实际产量”。

8.42 斯尔解析 × 本题考查的是固定制造费用成本差异分析。固定制造费用的耗费差异是指固定制造费用实际金额与固定制造费用预算金额（按照预算产量计算）之间的差异，而固定制造费用（总）成本差异是指固定制造费用项目实际成本与其标准成本之间的差额，因此本题说法错误。

8.43 斯尔解析 × 本题考查的是作业中心的含义。作业中心可以是某一项具体的作业，也可以是由若干个相互联系的能够实现某种特定功能的作业的集合。例如，产品加工、检验等作业需对每个产品都执行，这类作业之间的联系是“产量”，可归为同一个作业中心（产量级作业）；而生产前的机器调试、成批采购等作业仅取决于批次，而非每个批次中单位产品的数量，这类作业之间的联系是“批次”，可归为另一个作业中心（批别级作业），因此本题说法错误。

8.44 斯尔解析 × 本题考查的是增值成本与非增值成本的辨析。增值成本是那些以完美效率执行增值作业所发生的成本，而非增值成本既可以指增值作业中因为低效率所发生的成本，也可以指执行非增值作业发生的全部成本，因此本题说法错误。

8.45 斯尔解析 √ 本题考查的是作业业绩考核。若要评价作业流程的执行情况，必须建立业绩指标，可以是财务指标，也可以是非财务指标，非财务指标主要体现在效率、质量和时间三个方面，如投入产出比、次品率、生产周期等，因此本题说法正确。

8.46 斯尔解析 × 本题考查的是各类责任中心的业绩评价指标。可控边际贡献衡量了部门经理有效运用其控制下的资源的能力，是评价利润中心管理者业绩的理想指标，因此本题说法错误。

8.47 斯尔解析 × 本题考查的是投资中心业绩评价指标的计算参数。在计算投资中心的剩余收益时，通常采用企业整体的最低期望投资收益率，也可以是企业为该投资中心单独规定的最低投资收益率，但不能是该投资中心自行规定的最低投资收益率，因此本题说法错误。

8.48 斯尔解析 × 本题考查的是投资中心的权力范围。投资中心的经理所拥有的自主权不仅包括制定价格、确定产品和生产方法等短期经营决策权，而且还包括投资规模和投资类型等投资决策权，但不包括筹资决策权，因此本题说法错误。

四、计算分析题

8.49 斯尔解析 本题考查的是变动成本的成本差异分析。

（1）直接材料的数量差异=（280 000−5 000×50）×15=450 000（元）

直接材料的价格差异=280 000×（20−15）=1 400 000（元）

（2）直接人工的效率差异=（180 000−5 000×25）×30=1 650 000（元）

直接人工的耗费差异=180 000×（28−30）=−360 000（元）

（3）变动制造费用的成本差异=15×250 000−10×40×5 000=1 750 000（元）

8.50 斯尔解析 本题考查的是变动制造费用成本差异分析。

（1）M产品的变动制造费用标准分配率=84 240/23 400=3.6（元/小时）

（2）M产品的变动制造费用实际分配率=57 000/15 000=3.8（元/小时）

（3）M产品的变动制造费用成本差异=57 000−7 500×2.2×3.6=−2 400（元）

（4）M产品的变动制造费用效率差异=（15 000−7 500×2.2）×3.6=−5 400（元）

（5）M产品的变动制造费用耗费差异=15 000×（3.8−3.6）=57 000−15 000×3.6

=3 000（元）

8.51 斯尔解析 本题考查的是固定制造费用三差异分析法。

（1）标准分配率=固定制造费用标准总成本（预算总成本）/标准总工时（预算工时）=36 000/（10 000×1.2）=3（元/小时）

说明：本题难点在于未直接给出标准分配率，需要自行计算，即预算总成本除以预算总工时。

固定制造费用耗费差异=固定制造费用实际成本-预算产量下标准工时×标准分配率=38 000-10 000×1.2×3=2 000（元）

（2）固定制造费用产量差异=（预算产量下标准工时-实际产量下实际工时）×标准分配率=（10 000×1.2-15 000）×3=-9 000（元）

（3）固定制造费用效率差异=（实际产量下实际工时-实际产量下标准工时）×标准分配率=（15 000-9 500×1.2）×3=10 800（元）

（4）固定制造费用成本差异=2 000-9 000+10 800=3 800（元）>0，属于不利差异。

五、综合题

8.52 斯尔解析 本题考查的是本量利分析的各类指标计算以及生产预算编制。

（1）2013年边际贡献总额=17×（500-200）=5 100（万元）

2013年边际贡献率=（500-200）/500×100%=60%

（2）2013年盈亏平衡销售量=4 800/（500-200）=16（万台）

2013年盈亏平衡销售额=4 800/60%=16×500=8 000（万元）

（3）2013年安全边际量=17-16=1（万台）

2013年安全边际率=1/17×100%=5.88%

安全边际率小于10%，经营安全程度为危险。

（4）A=4×10%=0.4（万台），B=4+0.5-0.4=4.1（万台），C=0.5（万台）。

8.53 斯尔解析 本题考查的知识点涉及资金需要量测算、资本成本计算、项目现金流量计算、新产品投产的选择以及本量利分析，综合性较强。

（1）

资金占用额=（3 100-100）×（1+5%）÷（1-10%）=3 500（万元）

资金缺口=3 500-3 100=400（万元）

说明：运用因素分析法所计算的资金需要量是总量，而非增量，因此所谓的“资金缺口”就是前后两年资金总量之差。

（2）运用内插法计算该笔借款的资本成本率，列式为：（8%-x）/（8%-7%）=（392.02-400）/（392.02-408.21），求得x=7.51%。

（3）

①折旧=200×（1-10%）/5=36（万元），折旧抵税金额=36×25%=9（万元），因此：A=9（万元），B=-20×（1-25%）=-15（万元），C=200×10%=20（万元）。

提示：运营、维护、保养费等付现成本，在填制表格时需要取负数。

②现金净流出量的现值=200+15×（P/A，12%，5）-9×（P/A，12%，5）-20×（P/F，12%，5）=210.28（万元）

（4）

①新产品导致M产品的边际贡献减少额=（600-450）×2×10%=30（万元）

②新产品对甲公司边际贡献增加额=630-30=600（万元）

（5）新产品对甲公司2022年息税前利润增加额=600-36-20=544（万元）

注意：在计算息税前利润增加额时，需要考虑折旧的影响。

第九章　收入与分配管理

一、单项选择题

9.1　下列净利润分配事项中，根据相关法律法规和制度，应当最后进行的是（　　）。

A.向股东分配股利　　B.提取任意公积金

C.提取法定公积金　　D.弥补以前年度亏损

9.2　下列销售预测分析方法中，属于定量分析法的是（　　）。

A.专家判断法　　B.因果预测分析法

C.产品寿命分析法　　D.营销员判断法

9.3　下列各项中，以市场需求为基础的定价方法是（　　）。

A.保本点定价法　　B.目标利润法

C.边际分析定价法　　D.全部成本费用加成定价法

9.4　某企业生产H产品，本期计划销售量为10 000件，应负担的固定成本总额为250 000元，单位变动成本为70元，适用的消费税税率为5%。运用保本点定价法测算的单位H产品的价格应为（　　）元。

A.100　　B.120　　C.150　　D.180

9.5　某企业生产M产品，计划销售量为20 000件，目标利润总额为400 000元，完全成本总额为600 000元，不考虑其他因素，则使用目标利润法测算的M产品单价为（　　）元。

A.10　　B.30　　C.50　　D.20

9.6　在税法许可的范围内，下列纳税筹划方法中，能够导致递延纳税的是（　　）。

A.固定资产加速折旧法　　B.费用在母子公司之间合理分劈法

C.转让定价筹划法　　D.研究开发费用加计扣除法

9.7　股利无关论认为股利分配对公司市场价值不产生影响，下列关于股利无关理论的假设表述中，错误的是（　　）。

A.投资决策不受股利分配的影响　　B.不存在股票筹资费用

C.不存在资本增值　　D.不存在个人或公司所得税

9.8 当公司宣布高股利政策后，投资者认为公司有充足的财务实力和良好的发展前景，从而使股价产生正向反映。持有这种观点的股利理论是（ ）。

A.所得税差异理论　　B.信号传递理论

C.代理理论　　D.“手中鸟”理论

9.9 下列股利理论中，支持“低现金股利有助于实现股东利益最大化目标”观点的是（ ）。

A.信号传递理论　　B.所得税差异理论

C.“手中鸟”理论　　D.代理理论

9.10 有种观点认为，企业支付高现金股利可以减少管理者对于自由现金流量的支配，从而在一定程度上抑制管理者的在职消费。持这种观点的股利分配理论是（ ）。

A.所得税差异理论　　B.代理理论

C.信号传递理论　　D.“手中鸟”理论

9.11 下列股利理论中，无法直接判定应当采用高股利政策还是低股利政策的是（ ）。

A.信号传递理论　　B.所得税差异理论

C.“手中鸟”理论　　D.代理理论

9.12 根据“手中鸟”股利理论，公司的股利政策应采用（ ）。

A.低股利支付率　　B.不分配股利

C.用股票股利代替现金股利　　D.高股利支付率

9.13 某公司目标资本结构要求权益资本占55%，2020年的净利润为2 500万元，预计2021年投资所需资金为3 000万元。按照剩余股利政策，2020年可发放的现金股利为（ ）万元。

A.850　　B.1 150　　C.1 375　　D.1 125

9.14 一般而言，适合采用固定股利支付率政策的公司是（ ）。

A.处于稳定发展且财务状况也较稳定的公司

B.经营比较稳定或正处于成长期的企业

C.处于初创阶段的企业

D.盈利随着经济周期而波动较大，或者盈利与现金流量很不稳定的公司

9.15 对于依靠股利度日或对股利有较高依赖性的股东而言，下列股利政策中，最不符合其预期的是（ ）。

A.剩余股利政策　　B.固定或稳定增长股利政策

C.固定股利支付率政策　　D.低正常股利加额外股利政策

9.16 下列各项中，属于固定股利支付率政策优点的是（　　）。

A.股利与公司盈余紧密配合　　B.有利于树立公司的良好形象

C.股利分配有较大灵活性　　D.有利于稳定公司的股价

9.17 下列股利政策中，有利于保持企业最优资本结构的是（　　）。

A.剩余股利政策　　B.固定或稳定增长的股利政策

C.固定股利支付率政策　　D.低正常股利加额外股利政策

9.18 下列关于股利分配政策的说法中，错误的是（　　）。

A.采用剩余股利分配政策，可以保持理想的资本结构，使加权平均资本成本最低

B.采用固定股利支付率分配政策，可以使股利和公司盈余紧密配合，但不利于稳定股票价格

C.采用固定股利分配政策，当盈余较低时，容易导致公司资金短缺，增加公司风险

D.采用低正常股利加额外股利政策，股利和盈余不匹配，不利于增强股东对公司的信心

9.19 股东可以通过证券交易所按交易方式领取利息的日期为（　　）。

A.股利宣告日　　B.股权登记日

C.除息日　　D.股利发放日

9.20 确定股东是否有权领取本期股利的截止日期是（　　）。

A.除息日　　B.股权登记日

C.股利宣告日　　D.股利发放日

9.21 下列各项中，受企业股票分割影响的是（　　）。

A.每股股票价值　　B.股东权益总额

C.企业资本结构　　D.股东持股比例

9.22 在净利润和市盈率不变的情况下，公司实行股票反分割导致的结果是（　　）。

A.每股面额下降　　B.每股市价下降

C.每股收益上升　　D.每股净资产不变

9.23 某公司正处于成熟期，股价的上涨空间有限，管理层期望通过股权激励的方式留住公司的人才，因此该公司适合采取的股权激励模式是（　　）。

A.限制性股票模式　　B.股票期权模式

C.股票增值权模式　　D.业绩股票激励模式

9.24 若激励对象没有实现约定的目标，公司有权将免费赠与的股票收回，这种股权激励是（　　）。

A.股票期权模式　　B.业绩股票模式

C.股票增值权模式　　D.限制性股票模式

二、多项选择题

9.25 下列各项中，可以作为企业产品定价目标的有（　　）。

A.实现利润最大化　　B.保持或提高市场占有率

C.应对和避免市场竞争　　D.树立企业形象

9.26 下列各项中，属于剩余股利政策优点的有（　　）。

A.保持目标资本结构　　B.降低再投资资本成本

C.使股利与企业盈余紧密结合　　D.实现企业价值的长期最大化

9.27 处于初创阶段的公司，一般不宜采用的股利分配政策有（　　）。

A.固定股利政策　　B.剩余股利政策

C.固定股利支付率政策　　D.稳定增长股利政策

9.28 某公司在2019年董事会上决定自2020年起将采用剩余股利政策分配股利，下列因素中，需要在计算股利发放金额时考虑的有（　　）。

A.公司的目标资本结构　　B.2019年年末的货币资金

C.2019年实现的净利润　　D.2020年需要的投资资本

9.29 下列关于固定股利支付率政策的说法中，正确的有（　　）。

A.体现了“多盈多分、少盈少分、无盈不分”的股利分配原则

B.从企业支付能力的角度看，这是一种稳定的股利政策

C.适合于盈利随着经济周期而波动较大的公司

D.容易使公司面临较大的财务压力

9.30 下列股利政策中，股利发放金额与当期盈利水平无直接关联的有（　　）。

A.固定股利政策　　B.稳定增长股利政策

C.固定股利支付率政策　　D.低正常股利加额外股利政策

9.31 对公司而言，发放股票股利的优点有（　　）。

A.减轻公司现金支付压力

B.有利于股票交易和流通

C.使股权更为集中

D.可以向市场传递公司未来发展前景良好的信息

9.32 假设某股份公司按照1：2的比例进行股票分割，下列正确的有（ ）。
A.股本总额增加一倍 B.每股净资产保持不变
C.股东权益总额保持不变 D.股东权益内部结构保持不变

9.33 股票分割和股票股利的相同之处有（ ）。
A.不改变公司股票数量 B.不改变资本结构
C.不改变股东权益结构 D.不改变股东权益总额

9.34 下列股权激励模式中，不要求股价上涨的有（ ）。
A.股票期权模式 B.限制性股票模式
C.股票增值权模式 D.业绩股票激励模式

三、判断题

9.35 指数平滑法实质上是一种加权平均法，若采用较大的a，预测值可以反映样本值新近的变化趋势，适用销量波动较大或近期预测。（ ）

9.36 企业在生产能力有剩余的情况下增加生产一定数量的产品，这些增加的产品可以不负担企业的固定成本，只负担变动成本。（ ）

9.37 经济性原则是企业纳税筹划的首要原则。（ ）

9.38 从税负角度考虑，企业应尽可能选择折扣销售的方式，但销售额和折扣额不能在同一张发票上注明。（ ）

9.39 当企业符合特殊性税务处理的其他条件，且股权支付金额不低于其交易支付总额的80%时，可以使用资产重组的特殊性税务处理方法，这样可以相对减少合并环节的纳税义务，获得抵税收益。（ ）

9.40 股利无关论认为公司的市场价值由公司选择的筹资决策的成本和风险所决定，与公司的利润分配政策无关。（ ）

9.41 由于普遍存在的税率以及纳税时间的差异，资本利得收益比股利收益更有助于实现收益最大化目标，企业应当采用高股利政策。（ ）

9.42 在固定股利支付率政策下，各年的股利随着收益的波动而波动，容易给投资者带来公司经营状况不稳定的印象。（ ）

9.43 与固定股利政策相比，低正常股利加额外股利政策赋予公司股利发放的灵活性。（ ）

9.44 根据“无利不分”原则，当企业出现年度亏损时，一般不进行利润分配。（ ）

9.45 按照资本保全约束的要求，企业不能用股本、资本公积和盈余公积发放股利。（ ）

9.46 在股利支付程序中，除息日是指领取股利的权利与股票分离的日期，在除息日及之前购买股票的股东有权参与当次股利的分配。（ ）

9.47 股票分割会使公司股票总数增加，但公司股本总额不变。（ ）

9.48 股票分割会使股票的每股市价下降，可以提高股票的流动性。（ ）

9.49 由于信息不对称和预期差异，投资者会把股票回购当作公司认为其股票价格被高估的信号。（　　）

9.50 在考虑不同的股票激励模式时，高科技企业更适宜选择股票期权模式。（　　）

9.51 业绩股票激励模式只对业绩目标进行考核，而不要求股价的上涨，因而比较适合业绩稳定的上市公司。（　　）

四、计算分析题

9.52 某上市公司发放股票股利前，其资产负债表上的股东权益账户情况如下：

单位：万元

项目	金额
普通股（面值1元，发行在外200万股）	200
资本公积	400
盈余公积	400
未分配利润	2 000
股东权益合计	3 000

假设该公司宣布发放10%的股票股利，现有股东每持有10股，即可获赠1股普通股。若该股票当时市价为20元，发放股票股利以市价计算。

要求：

（1）填写发放股票股利后的股东权益账户情况：

项目	金额
普通股	
资本公积	
盈余公积	
未分配利润	
股东权益合计	

（2）假设一位股东派发股票股利之前持有公司的普通股10万股，请计算说明其股权比例在发放股票股利后是否会发生变化。

9.53 丁公司2017年年末的资产总额为60 000万元，权益资本占资产总额的60%，当年净利润为7 200万元，丁公司认为其股票价格过高，不利于股票流通，于2017年年末按照1∶2的比例进行股票分割，股票分割前丁公司发行在外的普通股股数为2 000万股。

根据2018年的投资计划，丁公司需要追加9 000万元，基于公司目标资本结构，要求追加的投资中权益资本占60%。

要求：

（1）计算丁公司股票分割后的下列指标：

①每股净资产；

②净资产收益率。

（2）如果丁公司针对2017年度净利润采取固定股利支付率政策分配股利，股利支付率为40%，计算应支付的股利总和。

（3）如果丁公司针对2017年度净利润采取剩余股利政策分配股利，计算下列指标：

①2018年追加投资所需要的权益资本额；

②可发放的股利总额。

答案与解析

一、单项选择题

题号	答案	题号	答案	题号	答案	题号	答案	题号	答案
9.1	A	9.2	B	9.3	C	9.4	A	9.5	C
9.6	A	9.7	C	9.8	B	9.9	B	9.10	B
9.11	D	9.12	D	9.13	A	9.14	A	9.15	A
9.16	A	9.17	A	9.18	D	9.19	D	9.20	B
9.21	A	9.22	C	9.23	A	9.24	D		

二、多项选择题

题号	答案	题号	答案	题号	答案	题号	答案	题号	答案
9.25	ABCD	9.26	ABD	9.27	ACD	9.28	ACD	9.29	ABD
9.30	AB	9.31	ABD	9.32	CD	9.33	BD	9.34	BD

三、判断题

题号	答案	题号	答案	题号	答案	题号	答案	题号	答案
9.35	√	9.36	√	9.37	×	9.38	×	9.39	×
9.40	×	9.41	×	9.42	√	9.43	√	9.44	√
9.45	×	9.46	×	9.47	√	9.48	√	9.49	×
9.50	√	9.51	√						

一、单项选择题

9.1 斯尔解析 A 本题考查的是利润分配的顺序。净利润的分配顺序为弥补以前年度亏损、提取法定公积金、提取任意公积金、向股东分配股利，选项A正确。

9.2 斯尔解析 B 本题考查的是销售预测分析的方法。选项ACD均属于定性分析法，选项B属于定量分析法。

9.3 斯尔解析 C 本题考查的是产品定价方法。以市场需求为基础的定价方法主要有需求价格弹性系数定价法和边际分析定价法，选项C正确。选项ABD属于以成本为基础的定价方法。

9.4 斯尔解析 A 本题考查的是以成本为基础的定价方法。假设单价为P，根据单位收入×（1-税率）=成本+利润，令利润=0，则有：P×10 000×（1-5%）=70×10 000+250 000+0，则P=100（元），选项A正确。

9.5 斯尔解析 C 本题考查的是以成本为基础的定价方法。假设单价为P，根据收入×（1-税率）=成本+利润，令利润=400 000，则P×20 000=600 000+400 000，求得P=50（元），选项C正确。

注意：本题并未考虑消费税。

9.6 斯尔解析 A 本题考查的是纳税筹划的方法。采用有利的会计处理方法是企业实现递延纳税的一个重要途径，主要包括存货计价方法的选择和固定资产折旧方法的选择，选项A正确。选项BD均属于减少应纳税额方法中的利用税收优惠政策，选项C属于减少应纳税额方法中的转让定价筹划法。

9.7 斯尔解析 C 本题考查的是股利无关论的基本假设。股利无关论是建立在完全资本市场理论之上的，假定条件包括：第一，市场具有强式效率，没有交易成本，没有任何一个股东的实力足以影响股票价格；第二，不存在任何公司或个人所得税（选项D说法正确，不当选）；第三，不存在任何筹资费用（选项B说法正确，不当选）；第四，公司的投资决策与股利决策彼此独立，即投资决策不受股利分配的影响（选项A说法正确，不当选）；第五，股东对股利收入和资本增值之间并无偏好。选项C不属于股利无关理论的假设，说法错误，当选。

9.8 斯尔解析 B 本题考查的是股利理论类型的辨析。此题所述观点认为公司通过股利政策向投资者传递了“公司有充足的财务实力和良好的发展前景”的信息，从而影响公司股价，属于信号传递理论的观点，选项B正确。

9.9 斯尔解析 B 本题考查的是股利理论类型的辨析。所得税差异理论认为，由于普遍存在的税率以及纳税时间的差异，资本利得收益比股利收益更有助于实现股东利益最大化目标，公司应当采用低股利政策，选项B正确；信号传递理论和“手中鸟”理论均支持高现金股利，选项AC错误；代理理论要求股利水平应当使得代理成本与外部融资成本之和最小，选项D错误。

9.10 斯尔解析 B 本题考查的是股利理论类型的辨析。题干表述符合代理理论的观点，关键词为“管理者”，即出现了代理关系中的一方。该理论认为股利的支付减少了管理者对自由现金流量的支配权，这在一定程度上可以抑制公司管理者的过度投资或在职消费行为，从而保护外部投资者的利益，选项B正确。

9.11 斯尔解析 D 本题考查的是股利理论类型的辨析。根据“手中鸟”理论和信号传递理论，公司应当采用高股利政策，而根据所得税差异理论公司应当采用低股利政策，选项ABC错误；根据代理理论，高水平的股利政策降低了企业的代理成本，但同时增加了外部融资成本，理想的股利政策应当使两种成本之和最小，选项D正确。

9.12 斯尔解析 D 本题考查的是股利理论类型的辨析。“手中鸟”股利理论认为，用留存收益再投资给投资者带来的收益具有较大的不确定性（林中之鸟），并且投资的风险随着时间的推移会进一步加大，厌恶风险的投资者会偏好确定的股利收益（手中之鸟），不愿将收益留存在公司内部去承担未来的投资风险。因此，当公司支付较高的股利时，公司的股票价格会随之上升，公司价值将得到提高，选项D正确。

9.13 斯尔解析 A 本题考查的是剩余股利政策的运用。按照目标资本结构的要求，公司投资方案所需的权益资本额为3 000×55%=1 650（万元），2020年可发放的现金股利为2 500−1 650=850（万元），选项A正确。

9.14 斯尔解析 A 本题考查的是股利政策的适用条件。固定股利支付率政策容易使公司面临较大的财务压力，因为公司实现的盈利多（账面利润），并不代表公司有足够的现金流用来支付较多的股利额，所以稳定发展且财务状况也较稳定（现金流充裕）的公司更适合采用该政策，选项A正确。选项B是固定或稳定增长股利政策的适用条件，选项C是剩余股利政策的适用条件，选项D是低正常股利加额外股利政策的适用条件，因此选项BCD错误。

9.15 斯尔解析 A 本题考查的是股利政策类型的辨析。剩余股利政策的股利发放额每年随着投资机会和盈利水平的波动而波动，不利于投资者安排收入与支出，选项A说法错误，当选；固定或稳定增长股利政策有助于投资者安排股利收入和支出，有利于吸引那些打算进行长期投资并对股利有很高依赖性的股东，选项B说法正确，不当选；固定股利支付率政策体现了“多盈多分、少盈少分、无盈不分”的股利分配原则，虽然具有一定的不稳定性，但相较于剩余股利政策而言，股东获得股利的可能性、优先级均较高，选项C说法正确，不当选；低正常股利加额外股利政策使那些依靠股利度日的股东每年至少可以得到虽然较低但比较稳定的股利收入，从而吸引住这部分股东，选项D说法正确，不当选。

9.16 斯尔解析 A 本题考查的是股利政策的特点。固定股利支付率的优点之一是股利与公司盈余紧密地配合，体现了“多盈多分、少盈少分、无盈不分”的股利分配原则，选项A正确；在收益不稳定的情况下，波动的股利容易给投资者带来经营状况不稳定、投资风险较大的不良印象，不利于股价的稳定，选项BD错误；从企业支付能力的角度看，虽然这是一种稳定的股利政策，但并不具有灵活性，因为容易使公司面临较大的财务压力，即使公司实现的盈利多（账面利润），也不代表公司有足够的现金流用来支付较多的股利额，选项C错误。

9.17 斯尔解析 A 本题考查的是股利政策的特点。剩余股利政策的优点是留存收益优先满足再投资需要的权益资金，有助于降低再投资的资金成本，保持最佳的资本结构，实现企业价值的长期最大化，选项A正确。选项BCD均不涉及与最优资本结构的关系。

9.18 斯尔解析 D 本题考查的是股利分配政策的特点。采用低正常股利加额外股利政策，使得一些依靠股利度日的股东每年至少可以得到虽然较低但比较稳定的股利收入，从而吸引住这部分股东，选项D错误。

9.19 斯尔解析 D 本题考查的是股利支付的程序。公司按照公布的分红方案向股权登记日在册的股东实际支付股利的日期为股利发放日，在该日期或期间，股东可以通过证券交易所按交易方式领取利息，选项D正确。

9.20 斯尔解析 B 本题考查的是股利支付的程序。股权登记日，即有权领取本期股利的股东资格登记截止日期，在这一天之后取得股票的股东则无权领取本次分派的股利，选项B正确。

9.21 斯尔解析 A 本题考查的是股票分割的影响。受股票分割影响的有：股数（增加）、面值（降低）、每股市价（降低）、每股收益（降低），故选项A当选。不受股票分割影响的有：资产总额、负债总额、所有者权益总额、所有者权益的内部结构、股东持股比例，因此选项BCD不当选。

9.22 斯尔解析 C 本题考查的是股票反分割的影响。股票反分割也称股票合并，是股票分割的相反行为，即将数股面额较低的股票合并为一股面额较高的股票，其影响方向正好与股票分割相反，即导致每股面值上升（选项A错误），每股市价上升（选项B错误）、每股收益上升（选项C正确）。股票反分割不影响股东权益总额，但由于股数减少，所以每股净资产上升，选项D错误。

9.23 斯尔解析 A 本题考查的是股权激励模式的辨析。处于成熟期的企业，股价的上涨空间有限，采用限制性股票模式较为合适。另外，只有达到限制性股票所规定的限制性期限时，持有人才能拥有实在的股票，因此在限制期间公司不需要支付现金对价，便能留住人才，选项A正确。

提示：本题判断的关键词有“成熟期”“股价上涨空间有限（即不要求股价上涨）”“留住人才”。

9.24 斯尔解析 D 本题考查的是股权激励模式的辨析。限制性股票指公司为了实现某一特定目标，先将一定数量的股票赠与或以较低价格售予激励对象，只有当实现预定目标后，激励对象才可将限制性股票抛售并从中获利；若预定目标没有实现，公司有权将免费赠与的限制性股票收回或者将售出的股票以激励对象购买时的价格回购，选项D正确。

二、多项选择题

9.25 斯尔解析 ABCD 本题考查的是产品定价的目标。企业的定价目标主要有：实现利润最大化、保持或提高市场占有率、稳定价格、应对和避免竞争、树立企业形象及产品品牌，选项ABCD正确。

9.26 斯尔解析 ABD 本题考查的是剩余股利政策的特点。剩余股利政策首先就是要根据目标资本结构来测算所需的权益资本额，因此可以保持目标资本结构，选项A正确；在此结构下，公司的加权平均资本成本将达到最低水平，可实现企业价值的长期最大化，选项D正确；剩余股利政策的基本原理是用留存收益优先保证再投资的需要，有助于降低再投资的资金成本，选项B正确；剩余股利政策下，股利发放额会每年随着投资机会和盈利水平的波动而波动，而非与企业盈余紧密结合（这是固定股利支付率政策的特点），选项C错误。

9.27 斯尔解析 ACD 本题考查的是股利政策的适用条件。固定或稳定增长的股利政策通常适用于经营比较稳定或正处于成长期的企业，且很难被长期采用，选项AD正确；剩余股利政策一般适用于公司初创阶段，选项B错误；固定股利支付率政策比较适用于那些处于稳定发展且财务状况也较稳定的公司，选项C正确。

9.28 斯尔解析 ACD 本题考查的是剩余股利政策的基本原理。剩余股利政策是指公司在有良好的投资机会（选项D正确）时，根据目标资本结构（选项A正确），测算出投资所需的权益资本额，先从盈余（选项C正确）中留用，然后将剩余的盈余作为股利来分配。分配股利的现金来源问题与股利分配政策无直接关系，企业可以通过借款等其他方式解决现金不足的问题，选项B错误。

9.29 斯尔解析 ABD 本题考查的是固定股利支付率政策的特点。固定股利支付率政策适合于稳定发展且财务状况也较稳定（现金流充裕）的公司，选项C错误。特别注意选项D的说法，在固定股利支付率政策下，容易使公司面临较大的财务压力，因为公司实现的盈利多（账面利润），并不代表公司有足够的现金流用来支付较多的股利额。

9.30 斯尔解析 AB 本题考查的是股利政策与盈利水平的关系。固定或稳定增长股利政策将每年派发的股利额固定在某一特定水平，或是在此基础上维持某一固定比率逐年稳定增长，与当期盈利水平无直接关联，选项AB正确；固定股利支付率政策下，股利与公司盈余紧密地配合，体现了“多盈多分、少盈少分、无盈不分”，说明其股利发放金额与当期盈利水平直接关联，选项C错误；低正常股利加额外股利政策是指公司事先设定一个较低的正常股利额，每年除了按正常股利额向股东发放股利外，还在公司盈余较多、资金较为充裕的年份向股东发放额外股利，说明其股利发放金额与当期盈利水平直接关联，选项D错误。

注意：固定股利政策和稳定增长股利政策可视为同一种股利政策，这两者若在选项中同时出现，要么都对，要么都错。

9.31 斯尔解析 ABD 本题考查的是股票股利的特点。发放股票股利不需要向股东支付现金，选项A正确；发放股票股利可以降低公司股票的市场价格，有利于促进股票的交易和流通，选项B正确；发放股票股利会使股权更为分散，选项C错误；发放股票股利可以传递公司未来发展前景良好的信息，选项D正确。

9.32 斯尔解析 CD 本题考查的是股票分割的影响。受股票分割影响的有：股数（由于股数增加，所以每股净资产下降，选项B错误）、面值（降低）、每股市价（降低）、每股收益（降低）。不受股票分割影响的有：资产总额、负债总额、所有者权益总额（选项C正确）、所有者权益的内部结构（选项D正确，又因为股本总额保持不变，所以选项A错误）、股东持股比例。

9.33 斯尔解析 BD 本题考查的是股票分割和股票股利的关系。股票分割和股票股利都会导致股票数量增加，选项A错误；股票分割和股票股利都不改变资本结构和股东权益总额，选项BD正确；股票分割不改变股东权益结构，而股票股利会改变股东权益结构，选项C错误。

9.34 斯尔解析 BD 本题考查的是股票激励模式的辨析。处于成熟期的企业，股价的上涨空间有限，采用限制性股票模式较为合适，选项B正确；业绩股票激励模式下，只对公司的业绩目标进行考核，不要求股价上涨，适合业绩稳定型的上市公司及其集团公司、子公司，选项D正确；而股票期权模式和股票增值权模式都期待股价上涨，以获取股价与行权价之差所带来的收益，因此选项AC错误。

三、判断题

9.35 斯尔解析 √ 本题考查的是销量预测方法中的指数平滑法。采用较大的a，预测值可以反映样本值新近的变化趋势，适用销量波动较大或近期预测。采用较小的a，则反映了样本值变动的长期趋势，适用销售量波动较小或进行长期预测，因此本题说法正确。

9.36 斯尔解析 √ 本题考查的是变动成本定价法的基本原理。本题说法正确。

9.37 斯尔解析 × 本题考查的是纳税筹划的原则。合法性原则是企业纳税筹划的首要原则，因此本题说法错误。

9.38 斯尔解析 × 本题考查的是销售的纳税管理。折扣销售的方式可以给予消费者购货价格上的优惠，如果销售额和折扣额在同一张发票上注明，可以以销售额扣除折扣额后的余额作为计税金额，减少企业的销项税额，因此本题说法错误。

9.39 斯尔解析 × 本题考查的是企业重组的纳税管理。当企业符合特殊性税务处理的其他条件，且股权支付金额不低于其交易支付总额的85%时，可以使用资产重组的特殊性税务处理方法，因此本题说法错误。

9.40 斯尔解析 × 本题考查的是股利无关论的基本原理。股利无关论认为公司的市场价值由公司选择的投资决策的获利能力和风险组合所决定，与公司的利润分配政策无关，因此本题说法错误。

9.41 斯尔解析 × 本题考查的是股利理论中的所得税差异理论。根据所得税差异理论，由于普遍存在的税率以及纳税时间的差异，资本利得收益（税率低）比股利收益（税率高）更有助于实现收益最大化目标，企业应当采用低股利政策，因此本题说法错误。

9.42 斯尔解析 √ 本题考查的是固定股利支付率政策的特点。大多数公司每年的收益很难保持稳定不变，导致年度间的股利额波动较大，很容易给投资者带来经营状态不稳定、投资风险较大的不良印象，因此本题说法正确。

9.43 斯尔解析 √ 本题考查的是低正常股利加额外股利政策的特点。低正常股利加额外股利政策下，公司可根据每年的具体情况，选择不同的股利发放水平，所以赋予了公司较大的灵活性，因此本题说法正确。

9.44 斯尔解析 √ 本题考查的是利润分配制约因素。本题说法正确。

9.45 斯尔解析 × 本题考查的是利润分配制约因素。按照资本保全约束的要求，公司不能用资本（包括实收资本或股本和资本公积）发放股利。虽然盈余公积也不能用于发放股利，但这并不是基于资本保全的约束，因此本题说法错误。

9.46 斯尔解析 × 本题考查的是股利支付的程序。除息日是指领取股利的权利与股票分离的日期，在除息日之前（当日不可以）购买股票的股东才能领取本次股利，因此本题说法错误。

9.47 斯尔解析 √ 本题考查的是股票分割的影响。股票分割一般只会增加发行在外的股票总数，但不会对公司的资本结构产生任何影响，即股本总额不变，因此本题说法正确。

9.48 斯尔解析 √ 本题考查的是股票分割的影响。股票分割会使每股市价降低，买卖该股票所需资金减少，从而可以促进股票的流通和交易，因此本题说法正确。

9.49 斯尔解析 × 本题考查的是股票回购的动机。由于信息不对称和预期差异，证券市场上的公司股票价格可能被低估，而过低的股价将会对公司产生负面影响。一般情况下，投资者会认为股票回购意味着公司认为其股票价值被低估而采取的应对措施，因此本题说法错误。

9.50 斯尔解析 √ 本题考查的是股权激励模式的适用条件。股票期权模式比较适合那些初始资本投入较少，资本增值较快，处于成长初期或扩张期的企业，如网络、高科技等风险较高的企业等（没啥钱的公司可以先画饼，而且在成长/扩张阶段，员工也愿意相信这个饼会越来越大），因此本题说法正确。

9.51 斯尔解析 √ 本题考查的是股票激励模式类型的辨析。本题说法正确。

四、计算分析题

9.52 斯尔解析 本题考查的是发放股票对于股东权益账户及相关指标的影响。

（1）发放股票股利后的股东权益账户情况如下：

项目	金额
普通股	200+200×10%=220
资本公积	400+200×10%×（20−1）=780
盈余公积	400
未分配利润	2 000−200×10%×20=1 600
股东权益合计	3 000

说明：在计算时，要注意计算的顺序，即先计算减少的未分配利润，再计算对股本和资本公积的影响。另外，发放股票股利不会影响盈余公积和股东权益总额，可直接填列。

（2）假设一位股东派发股票股利之前持有公司的普通股10万股，那么，他所拥有的股权比例为：10÷200×100%=5%。派发股利之后，他所拥有的股票数量和股份比例为：10×（1+10%）=11（万股），11÷220×100%=5%。因此，该股东的股权比例在发放股票股利后不会发生变化。

9.53 斯尔解析 本题考查的是股票分割的影响以及各类股利政策的具体运用及相关指标计算。

（1）

①分割后股数=2 000 × 2=4 000（万股）

股东权益总额=60 000 × 60%=36 000（万元）

分割后的每股净资产=36 000/4 000=9（元）

②分割后净资产收益率=7 200/36 000 × 100%=20%

（2）应支付的股利总和=7 200 × 40%=2 880（万元）

（3）

①追加投资所需要的权益资本额=9 000 × 60%=5 400（万元）

②可发放的股利总额=7 200−5 400=1 800（万元）

第十章　财务分析与评价

一、单项选择题

10.1 根据比率指标的类型，流动比率属于（　　）。

A.构成比率　B.效率比率　C.结构比率　D.相关比率

10.2 下列关于财务分析的因素分析法的说法中，正确的是（　　）。

A.构成指标的因素必须客观上存在因果关系

B.因素替代的顺序可以灵活颠倒

C.连环替代法是差额分析法的一种简化形式

D.因素分析法可以得出准确的因素变动影响数

10.3 下列各项中，不属于速动资产的是（　　）。

A.现金　B.产成品

C.应收账款　D.交易性金融资产

10.4 下列各项中，不属于速动资产的是（　　）。

A.预付账款

B.以公允价值计量且其变动计入当期损益的金融资产

C.应收票据

D.货币资金

10.5 甲公司当前的流动比率为1.5，若该公司借入一笔短期借款，则将会导致（　　）。

A.流动比率提高　B.流动比率降低

C.流动比率不变　D.无法判断

10.6 下列财务指标中，最能反映企业即时偿付短期债务能力的是（　　）。

A.资产负债率　B.流动比率

C.权益乘数　D.现金比率

10.7 产权比率越高，通常反映的信息是（　　）。

A.财务结构越稳健　B.长期偿债能力越强

C.财务杠杆效应越强　D.股东权益的保障程度越高

10.8 某公司2021年负债总额为2 000万元，平均债务利率为5%。假设该公司2022年的财务杠杆系数为2，则该公司2021年的利息保障倍数为（　　）。

A.3　B.4　C.1.5　D.2

10.9 甲公司是一家电器销售企业，每年6月到10月是销售旺季，管理层拟用存货周转率评价全年存货管理业绩，适合使用的公式是（　　）。

A.存货周转率=销售收入/［（年初存货+年末存货）/2］

B.存货周转率=营业成本/［（年初存货+年末存货）/2］

C.存货周转率=销售收入/（∑各月末存货/12）

D.存货周转率=营业成本/（∑各月末存货/12）

10.10 某公司2019年年初所有者权益为2亿元（已扣除客观因素影响），2019年年末所有者权益为3亿元。该公司2019年的资本保值增值率是（　　）。

A.50%　　B.75%　　C.120%　　D.150%

10.11 甲公司2021年平均负债总额为6 000万元，平均产权比率为3，经营活动现金流量净额为500万元，则2021年甲公司的全部资产现金回收率为（　　）。

A.6.25%　　B.8.33%　　C.2.78%　　D.5.56%

10.12 下列财务分析指标中能够反映收益质量的是（　　）。

A.营业毛利率　　B.总资产净利率

C.现金营运指数　　D.净资产收益率

10.13 某上市公司2019年度归属于普通股股东的净利润为15 000万元。2018年年末的股数为5 000万股，2019年2月8日，经公司股东大会决议，以截止2018年年末公司总股数为基础，向全体股东每10股送红股10股，工商注册登记变更完成后公司总股数变为10 000万股，则2019年的基本每股收益为（　　）。

A.1.22　　B.1.50　　C.1.57　　D.1.09

10.14 某上市公司2019年度归属于普通股股东的净利润为25 500万元，2018年年末的股数为5 000万股。2019年5月1日发行新股6 000万股，10月1日回购2 000万股用于职工奖励，则2019年的基本每股收益为（　　）。

A.3　　B.2.8　　C.2.5　　D.4

10.15 在计算稀释每股收益时，下列各项中，不属于潜在普通股的是（　　）。

A.可转换公司债券　　B.不可转换优先股

C.股票期权　　D.认股权证

10.16 某公司2021年实现的净利润为500万元，2021年12月31日的每股市价为30元，普通股股东权益为600万元，流通在外的普通股股数为120万股。2021年4月1日发行股票30万股，10月1日回购股票20万股，则2021年年末的市净率为（　　）倍。

A.6.875　　B.6　　C.6.5　　D.6.83

10.17 关于杜邦分析体系所涉及的财务指标，下列表述错误的是（　　）。

A.营业净利率可以反映企业的盈利能力

B.权益乘数可以反映企业的偿债能力

C.总资产周转率可以反映企业的营运能力

D.总资产收益率是杜邦分析体系的起点

10.18 某公司税后净营业利润为2 000万元，负债总额4 000万元，股东权益总额6 000万元，加权平均资本成本为8%，假设没有调整项目，则该公司的经济增加值为（　　）万元。

A.1 440　　B.1 680　　C.1 520　　D.1 200

二、多项选择题

10.19 下列各项中，影响流动比率可信性的重要因素有（　　）。

A.营业周期　　B.应收账款的变现能力

C.存货的周转速度　　D.长期股权投资的变现能力

10.20 下列财务指标中，可以反映长期偿债能力的有（　　）。

A.总资产周转率　　B.权益乘数

C.产权比率　　D.资产负债率

10.21 下列财务指标中，可以用来反映公司资本结构的有（　　）。

A.资产负债率　　B.产权比率

C.营业净利率　　D.总资产周转率

10.22 下列各项中，影响企业偿债能力的有（　　）。

A.可动用的授信额度　　B.资产质量

C.或有事项　　D.经营租赁

10.23 下列关于资产负债率的说法中，错误的有（　　）。

A.资产负债率越高，表明长期偿债能力越强

B.对股东而言，希望资产负债率越高越好

C.营业周期短，资产周转速度快，可以适当提高资产负债率

D.资产负债率越高，产权比率也越高

10.24 下列各项中，影响应收账款周转率指标的有（　　）。

A.应收账款　　B.预付账款

C.应收票据　　D.销售折扣与折让

10.25 计算下列各项指标时，其分母需要采用平均数的有（　　）。

A.资本保值增值率　　B.稀释每股收益

C.总资产净利率　　D.每股净资产

10.26 杜邦分析体系中所涉及的主要财务指标有（　　）。

A.营业现金比率　　B.权益乘数

C.营业净利率　　D.总资产周转率

10.27 下列各项措施中，能提高净资产收益率的有（　　）。

A.提高营业净利率　　B.降低资产负债率

C.提高总资产周转率　　D.提高权益乘数

10.28 现代所使用的沃尔评分法相较于原来已经有了很大的变化，它认为企业财务评价的内容应当包括（　　）。

A.盈利能力　　B.偿债能力　　C.营运能力　　D.成长能力

10.29 下列企业综合绩效评价指标中，属于评价企业资产质量状况的指标有（　　）。

A.总资产周转率　　B.总资产增值率

C.总资产收益率　　D.不良资产比率

三、判断题

10.30 企业债权人在进行财务分析时，主要关心其投资的安全性，因此会进行偿债能力分析，但不关注盈利能力。（　　）

10.31 在计算利息保障倍数时，为了保障分子、分母口径一致，位于分母的应付利息应当是财务费用中的利息费用，但不包括计入固定资产成本的资本化利息。（　　）

10.32 一般来说，存货周转速度越快占用水平越低，流动性越强，存货转化为现金或应收账款的速度越快，从而增强企业的短期偿债能力及盈利能力。（　　）

10.33 在计算应收账款周转率时，营业收入理论上应使用"赊销收入"作为周转额，而应收账款也应为扣除坏账准备后的净额。（　　）

10.34 营业现金比率大于1，说明企业收益质量高。（　　）

10.35 净收益营运指数是收益质量分析的重要指标，一般而言，净收益营运指数越小，表明企业收益质量越好。（　　）

10.36 净收益营运指数作为一个能够反映公司收益质量的指标，可以揭示净收益与现金流量之间的关系。（　　）

10.37 净收益营运指数大于1，说明企业受益质量高。（　　）

10.38 市盈率是反映股票投资价值的重要指标，该指标数值越大，表明投资者越看好该股票的投资预期。（　　）

10.39 我国上市公司“管理层讨论与分析”信息披露遵循的原则是不定期披露原则。（ ）

10.40 甲公司是一家上市公司，其2019年的净利润较计划水平高出18%，因此该公司应当在年报的“管理层讨论与分析”中，详细说明造成差异的原因。（ ）

10.41 由于不同行业、不同规模、不同成长阶段等的公司，其会计调整项和加权平均资本成本各不相同，故经济增加值指标的可比性较差。（ ）

10.42 综合绩效评价是一种定量分析与定性分析相结合的方法，该方法是站在企业经营管理者的角度进行的。（ ）

10.43 企业综合绩效评价由财务绩效定量评价（占比70%）和管理绩效定性评价（占比30%）两部分组成，其中财务绩效定量评价指标由反映企业盈利能力状况、资产质量状况、债务风险状况和经营增长状况等四个方面的基本指标和修正指标构成。（ ）

四、计算分析题

10.44 丁公司2013年12月31日总资产为600 000元，其中流动资产为450 000元，非流动资产为150 000元，股东权益为400 000元。丁公司年度运营分析报告显示，2013年的存货周转次数为8次，销售成本为500 000元，净资产收益率为20%，非经营净收益为-20 000元。期末的流动比率为2.5。

要求：

（1）计算2013年存货平均余额。

（2）计算2013年年末流动负债。

（3）计算2013年净利润。

（4）计算2013年经营净收益。

（5）计算2013年净收益营运指数。

10.45 资料一：甲公司的部分资产负债表如下：

单位：万元

项目	金额	项目	金额
货币资金	450	短期借款	A
应收账款	250	应付账款	280
存货	400	长期借款	700
非流动资产	1 300	所有者权益	B
资产总计	2 400	负债与所有者权益总计	2 400

资料二：已知年初应收账款为150万元，年初存货为260万元，年初所有者权益为1 000万元。本年营业收入为1 650万元，营业成本为990万元，净利润为220万元。年末流动比率为2.2，一年按360天计算。

要求：

（1）计算资料一中字母所代表数字。

（2）计算应收账款周转次数，存货周转天数，营业毛利率。

10.46 甲公司近年来受宏观经济形势的影响，努力加强资产负债管理，不断降低杠杆水平，争取在2018年年末将资产负债率控制在55%以内。为考察降杠杆对公司财务绩效的影响，现基于杜邦分析体系，将净资产收益率指标依次分解为营业净利率、总资产周转率和权益乘数三个因素，采用连环替代法予以分析。近几年有关财务指标如下表所示：

单位：万元

项目	2016年年末	2017年年末	2018年年末	2017年度	2018年度
资产总额	6 480	6 520	6 980	—	—
负债总额	4 080	3 720	3 780	—	—
所有者权益总额	2 400	2 800	3 200	—	—
营业收入	—	—	—	9 750	16 200
净利润	—	—	—	1 170	1 458

要求：

（1）计算2018年年末的资产负债率，并据以判断公司是否实现了降杠杆目标。

（2）计算2017年和2018年的净资产收益率（涉及的资产、负债、所有者权益均采用平均值计算）。

（3）计算2017年和2018年的权益乘数（涉及的资产、负债、所有者权益均采用平均值计算）。

（4）计算2018年与2017年净资产收益率之间的差额，运用连环替代法，计算权益乘数变化对净资产收益率变化的影响（涉及的资产、负债、所有者权益均用平值计算）。

10.47 甲公司2020年有关报表数据如下表所示，假设一年按360天计算。

单位：万元

资产负债表			利润表	
项目	期初余额	期末余额	项目	金额
货币资金	150	150	营业收入	8 000
交易性金融资产	50	50	营业成本	6 400
应收账款	600	1 400		
存货	800	2 400		
流动资产合计	1 600	4 000		
流动负债合计	1 000	1 600		

要求：

（1）计算2020年营业毛利率、应收账款周转率、存货周转天数。

（2）计算2020年营运资金增加额。

（3）计算2020年年末现金比率。

10.48 丁公司是一家创业板上市公司，2016年度营业收入为20 000万元，营业成本为15 000万元，财务费用为600万元（全部为利息支出），利润总额为2 000万元，净利润为1 500万元，非经营净收益为300万元。此外，资本化的利息支出为400万元。丁公司存货年初余额为1 000万元，年末余额为2 000万元，公司全年发行在外的普通股加权平均数为10 000万股，年末每股市价为4.5元。

要求：

（1）计算营业净利率。

（2）计算利息保障倍数。

（3）计算净收益营运指数。

（4）计算存货周转率。

（5）计算市盈率。

五、综合题

10.49 乙公司是一家生产经营比较稳定的制造企业，长期以来仅生产P产品。相关资料如下：

资料一：2021年财务报表部分数据如下表所示。

单位：万元

资产负债表项目	2021年年末
货币资金	1 050
应收账款	1 750
存货	1 200
固定资产	4 000
资产合计	8 000
流动负债	3 500
非流动负债	500
所有者权益	4 000
负债和所有者权益	8 000
利润表项目	**2021年度**
营业收入	10 000
营业成本	6 500
期间费用	1 600
净利润	1 200

假设资产负债表项目的年末余额代表全年平均水平。

资料二：乙公司的主要竞争对手为丙公司，其相关财务比率水平为营业净利率18%，总资产周转率0.6次，权益乘数1。

资料三：乙公司生产的P产品单价为10万元/件，全年生产1 000件，产销平衡。乙公司所适用的所得税税率为25%。

资料四：乙公司2021年营业成本中固定成本为3 500万元，变动成本为3 000万元，期间费用中固定成本为600万元，变动成本为1 000万元。

要求：

（1）根据资料一，计算乙公司的下列指标：

①营业净利率；

②总资产周转率；

③权益乘数；

④应收账款周转率；

⑤存货周转率。

（2）根据资料一的计算结果和资料二，完成下列要求：

①说明营业净利率、总资产周转率和权益乘数三个指标各自评价企业哪方面能力；

②分别评价乙公司和丙公司在以上三个能力的强弱。

（3）根据资料三和资料四，计算乙公司2021年的下列指标：

①单位变动成本；

②单位边际贡献；

③息税前利润；

④盈亏平衡点年销售量。

（4）根据资料三的计算结果和资料四，分别计算在单价、单位变动成本增长10%时的敏感系数，并指出是否为敏感因素。

（5）根据资料三和资料四，假设其他条件不变，该产品预计2022年目标利润（息税前利润）达到2 900万元，计算说明该产品的定价该做怎样的调整。

10.50 乙公司是一家以生物制药为主要业务的公司，该公司管理层正组织财务部门复盘2019年公司的整体财务状况并据此确定年度利润分配方案。有关资料如下：

资料一：乙公司在其发放股票股利之前，2019年部分财务数据如下表所示。

项目	金额（万元）
资产总计	10 000
负债总计	2 500
股本（面值1元，发行在外1 000万股）	1 000
资本公积	2 500
盈余公积（均为法定盈余公积）	2 000
未分配利润	2 000
所有者权益合计	7 500
营业收入	5 000
营业成本	3 500
归属于普通股的净利润	500
经营活动现金流量净额	750

说明：财务指标的计算如需取平均数可使用年末数代替。

资料二：2019年9月30日，公司按面值发行年利率4%的可转换公司债券，面值2 000万元，期限为5年，发行1年后可以转换为本公司的普通股，转换价格为每股10元，可转换债券当年发生的利息全部计入当期损益，公司适用的企业所得税税率为25%。

资料三：2019年12月31日乙公司股票的市价为8元，该股票的β系数为1.2，无风险收益率为4%，证券市场平均收益率为9%。

资料四：乙公司计划发放20%的股票股利，即每10股发放2股股票股利。

资料五：除股票股利外，乙公司预计下一年的现金股利为0.2元/股，并预计未来股利会以9%的速度增长。

要求：

(1) 根据资料一，计算下列指标：

①营业毛利率；

②总资产周转率；

③权益乘数；

④净资产收益率；

⑤营业现金比率；

⑥每股营业现金净流量。

(2) 根据资料一，计算乙公司的基本每股收益。

(3) 根据资料一和资料二，计算乙公司的稀释每股收益。

(4) 运用资本资产定价模型，计算乙公司股票的必要收益率。

(5) 根据资料一、资料三和资料四，计算发放股利后的下列指标：

①发放股利后的未分配利润；

②股本；

③资本公积。

说明：股票股利以市价计算。

(6) 根据资料五，计算乙公司股票的价值，给出“增持”或“减持”的投资建议，并说明理由。

答案与解析

一、单项选择题

题号	答案	题号	答案	题号	答案	题号	答案	题号	答案
10.1	D	10.2	A	10.3	B	10.4	A	10.5	B
10.6	D	10.7	C	10.8	D	10.9	D	10.10	D
10.11	A	10.12	C	10.13	B	10.14	A	10.15	B
10.16	B	10.17	D	10.18	D				

二、多项选择题

题号	答案	题号	答案	题号	答案	题号	答案	题号	答案
10.19	ABC	10.20	BCD	10.21	AB	10.22	ABCD	10.23	AB
10.24	ACD	10.25	BC	10.26	BCD	10.27	ACD	10.28	ABD
10.29	AD								

三、判断题

题号	答案	题号	答案	题号	答案	题号	答案	题号	答案
10.30	×	10.31	×	10.32	√	10.33	×	10.34	×
10.35	×	10.36	×	10.37	×	10.38	√	10.39	×
10.40	×	10.41	√	10.42	×	10.43	√		

一、单项选择题

10.1 斯尔解析 D 本题考查的是比率指标的类型。流动比率=流动资产/流动负债，流动资产和流动负债不属于组成部分与总体的关系，也不属于所费与所得的关系，而符合“某个项目/相关项目”，因此流动比率是相关比率，选项D正确。

10.2 斯尔解析 A 本题考查的是因素分析法的具体含义。构成指标的因素必须客观上存在因果关系说明了因素分解的关联性，选项A正确；因素替代的顺序不可随意颠倒，否则就会得出不同的计算结果，选项B错误；差额分析法是连环替代法的一种简化形式，选项C错误；因素分析法具有计算结果的假定性，不可能使每个因素的计算结果都达到绝对准确，选项D错误。

10.3 斯尔解析 B 本题考查的是速动资产的基本含义。速动资产包括货币资金（选项A属于，不当选）、以公允价值计量且其变动计入当期损益的金融资产（选项D属于，不当选）和各种应收款项（选项C属于，不当选），不包括存货、预付款项、一年内到期的非流动资产和其他流动资产等。产成品属于存货，因此不属于速动资产，选项B当选。

10.4 斯尔解析 A 本题考查的是速动资产的基本含义。速动资产包括货币资金（选项D属于，不当选）、以公允价值计量且其变动计入当期损益的金融资产（选项B属于，不当选）和各种应收款项（选项C属于，不当选），不包括存货、预付款项（选项A不属于，当选）、一年内到期的非流动资产和其他流动资产等。

10.5 斯尔解析 B 本题考查的是流动比率的综合运用。假设流动比率=流动资产/流动负债=1.5/1=1.5，借入一笔短期借款则意味着流动资产和流动负债等额增加，假设流动资产和流动负债均增加0.5，此时流动比率=（1.5+0.5）/（1+0.5）=2/1.5=1.33＜1.5，流动比率降低，选项B正确。

10.6 斯尔解析 D 本题考查的是偿债能力指标之间的辨析。资产负债率和权益乘数反映企业长期偿债能力，选项AC错误；流动比率反映企业短期偿债能力，但相较于流动比率，现金比率还剔除了存货和应收账款对偿债能力的影响，最能反映企业直接偿付流动负债的能力，选项B错误、选项D正确。

10.7 斯尔解析 C 本题考查的是产权比率的含义。产权比率=负债总额/所有者权益总额×100%，这一比率越高，表明企业长期偿债能力越弱，债权人权益保障程度越低，因此选项BD错误；产权比率高，是高风险、高报酬的财务结构，财务杠杆效应强，因此选项C正确、选项A错误。

10.8 斯尔解析 D 本题考查的是利息保障倍数的计算。2022年的财务杠杆系数=2021年息税前利润/（2021年息税前利润-2021年利息总额）=2，由于2021年利息总额=2 000×5%=100（万元），因此推出2021年息税前利润为200万元。根据公式，利息保障倍数=息税前利润/应付利息=200/100=2，选项D正确。

10.9 斯尔解析 D 本题考查的是存货周转率的计算公式。在中级财管中，计算存货周转率的分子为营业成本，选项AC错误；而存货的年初余额在1月月初，年末余额在12月月末，都不属于旺季，存货的数额较少，采用存货余额年初年末平均数计算出来的存货周转率较高，按月进行平均更为准确，因此选项B错误、选项D正确。

10.10 斯尔解析 D 本题考查的是发展能力指标资本保值增值率的计算。资本保值增值率=扣除客观因素影响后的期末所有者权益÷期初所有者权益×100%=3/2×100%=150%，选项D正确。

10.11 斯尔解析 A 本题考查的是全部资产现金回收率的计算。平均负债总额为6 000万元，平均产权比例=平均负债总额/平均所有者权益=3，所以平均所有者权益为2 000万元，平均资产总额=6 000+2 000=8 000（万元）。根据公式，全部资产现金回收率=经营活动现金流量净额/平均资产总额×100%=500/8 000×100%=6.25%，选项A正确。

10.12 斯尔解析 C 本题考查的是收益质量分析指标。反映收益质量的财务指标有净收益营运指数和现金营运指数，选项C正确；营业毛利率、总资产净利率和净资产收益率均为盈利能力分析指标，选项ABD错误。

10.13 斯尔解析 B 本题考查的是基本每股收益的计算。送红股不影响所有者权益总额，因此新增的5 000万股不需要按照实际增加的月份加权计算。基本每股收益=15 000/（5 000+5 000）=1.50（元/股），选项B正确。

10.14 斯尔解析 A 本题考查的是基本每股收益的计算。发行新股和回购股票均会影响所有者权益总额，因此需要考虑时间权重。发行在外的普通股加权平均数=5 000+6 000×8/12−2 000×3/12=8 500（万股），因此基本每股收益=25 500/8 500=3（元/股），选项A正确。

10.15 斯尔解析 B 本题考查的是稀释每股收益的计算原理。稀释性潜在普通股指假设当期转换为普通股会减少每股收益的潜在普通股。潜在普通股主要包括：可转换公司债券、认股权证和股份期权等，选项ACD属于潜在普通股，不当选。不可转换优先股不能转换为普通股，不具有稀释性，因此选项B当选。

10.16 斯尔解析 B 本题考查的是市净率的计算。根据公式，市净率=每股市价/每股净资产，每股净资产=期末普通股净资产/期末发行在外的普通股股数=600/120=5（元/股），因此，2021年年末的市净率=30/5=6（倍），选项B正确。

注意：计算每股净资产的分子、分母均为时点数，不要取平均，也不需要加权，因此题干中的增发与回购条件均为干扰信息。

10.17 斯尔解析 D 本题考查的是杜邦分析体系的基本含义。杜邦分析体系的起点是净资产收益率而非总资产收益率，选项D错误。

10.18 斯尔解析 D 本题考查的是经济增加值的计算。经济增加值=税后净营业利润−平均资本占用×加权平均资本成本=2 000−（4 000+6 000）×8%=1 200（万元），选项D正确。

二、多项选择题

10.19 斯尔解析 ABC 本题考查的是流动比率的主要分析结论。一般情况下，营业周期、存货和应收账款的周转速度是影响流动比率可信度的主要因素，选项ABC正确；流动比率=流动资产/流动负债，长期股权投资属于非流动资产，对流动比率不产生影响，选项D错误。

10.20 斯尔解析 BCD 本题考查的是长期偿债能力的指标。反映长期偿还债能力的指标主要有四项：资产负债率、产权比率、权益乘数和利息保障倍数。总资产周转率是反映营运能力的指标，因此选项A错误、选项BCD正确。

10.21 斯尔解析 AB 本题考查的是长期偿债能力指标与资本结构的关系。资本结构是负债与股东权益的比率，凡是涉及负债和股东权益的指标均可以反映资本结构。资产负债率（负债/资产）、产权比率（负债/权益）、权益乘数（资产/权益）均可以反映公司资本结构，选项AB正确；营业净利率反映盈利能力，总资产周转率反映营运能力，选项CD错误。

10.22 斯尔解析 ABCD 本题考查的是影响企业偿债能力的表外因素。
影响偿债能力的其他因素包括：
（1）可动用的银行贷款指标或授信额度；
（2）资产质量；
（3）或有事项（如债务担保或未决诉讼）和承诺事项；
（4）经营租赁。
因此，选项ABCD正确。

10.23 斯尔解析 AB 本题考查的是资产负债率的经济含义。资产负债率越低，表明长期偿债能力越强，选项A说法错误，当选；对股东而言，只有在全部资本利润率>借款利率（前提）时，才希望资产负债率越高越好，选项B说法错误，当选；营业周期短，资产周转速度快，说明企业营运能力强，资金回流速度快，因此可以适当提高负债的比例，不会影响偿债能力，选项C说法正确，不当选；资产负债率和产权比率成同向变动关系，选项D说法正确，不当选。

10.24 斯尔解析 ACD 本题考查的是计算应收账款周转率时需要注意的问题。应收账款周转率受“营业收入”和“应收账款”影响。应收账款包括会计报表中“应收账款”和“应收票据”等全部赊销账款，因为应收票据是销售形成的应收款项的另一种形式，选项AC正确；销售收入净额是销售收入扣除了销售折扣、折让等以后的金额，选项D正确；预付账款不影响应收账款周转率的计算，选项B错误。

10.25 斯尔解析 BC 本题考查的是财务指标统一口径的方法。当分子、分母一个是时期数（利润表或现金流量表数据）、一个是时点数（资产负债表数据）时，为使计算口径一致，通常需要将时点数取平均值。选项AD的分子、分母均为资产负债表的数据，无须取平均，不当选；选项BC的分子为利润表数据，分母为资产负债表数据，需对分母取平均数，当选。

10.26 斯尔解析 BCD 本题考查的是杜邦分析法的基本原理。杜邦分析体系下，净资产收益率=营业净利率×总资产周转率×权益乘数，选项BCD正确。

10.27 斯尔解析 ACD 本题考查的是净资产收益率的影响因素分解。净资产收益率=营业净利率×总资产周转率×权益乘数，因此选项ACD正确；资产负债率与权益乘数同向变化，因此降低资产负债率相当于降低权益乘数，从而降低净资产收益率，因此选项B错误。

10.28 斯尔解析 ABD 本题考查的是沃尔评分法。现代社会与沃尔的时代相比，已有很大变化。一般认为企业财务评价的内容首先是盈利能力，其次是偿债能力，最后是成长能力，选项ABD正确、选项C错误。

10.29 斯尔解析 AD 本题考查的是综合绩效评价指标。综合绩效评价指标中，评价企业资产质量状况的指标基本等同于营运能力指标，选项A正确；不良资产比率属于评价资产质量状况的修正指标，选项D正确；除此之外，还有资产现金回收率、流动资产周转率。总资产增值率是评价经营增长状况的指标，选项B错误；总资产收益率是评价盈利能力状况的指标，选项C错误。

三、判断题

10.30 斯尔解析 × 本题考查的是财务分析的内容。企业债权人关心其投资的安全性，因此会进行偿债能力分析，同时也关注盈利能力，因此本题说法错误。

10.31 斯尔解析 × 本题考查的是利息保障倍数的计算。应付利息是指本期发生的全部应付利息，既包括财务费用中的利息费用，也包括计入固定资产成本的资本化利息，因此本题说法错误。

10.32 斯尔解析 √ 本题考查的是存货周转率的经济含义。本题说法正确。

10.33 斯尔解析 × 本题考查的是应收账款周转率的计算。应收账款应为未扣除坏账准备的金额，因此本题说法错误。

10.34 斯尔解析 × 本题考查的是营业现金比率的经济含义。营业现金比率是经营现金流量净额与营业收入的比，不是与1比较，也不反映收益质量，而是获取现金的能力，因此本题说法错误。

10.35 斯尔解析 × 本题考查的是净收益营运指数的经济含义。净收益营运指数=经营净收益/净利润，所以净收益营运指数越小，经营净收益所占比重越小，非经营收益所占比重越大，收益质量越差，因此本题说法错误。

10.36 斯尔解析 × 本题考查的是净收益营运指数的经济含义。净收益营运指数是指经营净收益与净利润之比，揭示经营净收益与净利润之间的关系。现金营运指数更多反映了收益与现金流量之间的关系，因此本题说法错误。

10.37 斯尔解析 × 本题考查的是净收益营运指数的经济含义。净收益营运指数并不是和1比较，且一般情况下，净收益营运指数应当小于1。如果净收益营运指数大于1，说明存在非经营净损失，这并不表明收益质量好，因此本题说法错误。

10.38 斯尔解析 √ 本题考查的是市盈率的经济含义。市盈率的高低反映了市场上投资者对股票投资收益和投资风险的预期，市盈率越高，意味着投资者对股票的收益预期越看好，投资价值越大，因此本题说法正确。

10.39 斯尔解析 × 本题考查的是管理层讨论与分析的披露原则。我国上市公司“管理层讨论与分析”信息披露遵循的是强制与自愿相结合原则，因此本题说法错误。

10.40 斯尔解析 × 本题考查的是管理层讨论与分析中相关披露要求。若企业实际经营业绩较曾经公开披露过的本年度盈利预测或经营计划低于10%以上或高于20%以上，应当详细说明造成差异的原因。本题中，经营业绩上涨幅度未达到20%，无须详细披露。因此本题说法错误。

10.41 斯尔解析 √ 本题考查的是经济增加值的局限性。本题说法正确。

10.42 斯尔解析 × 本题考查的是综合绩效评价的含义。该方法是站在所有者的角度进行的，因此本题说法错误。

10.43 斯尔解析 √ 本题考查的是综合绩效评价内容和计分方法。本题说法正确。

四、计算分析题

10.44 斯尔解析 本题考查的是基本财务报表分析指标的计算。

（1）2013年的存货平均余额=500 000/8=62 500（元）

（2）2013年年末的流动负债=450 000/2.5=180 000（元）

（3）2013年净利润=400 000×20%=80 000（元）

（4）2013年经营净收益=80 000+20 000=100 000（元）

（5）2013年的净收益营运指数=100 000/80 000=1.25

10.45 斯尔解析 本题考查的是基本财务报表分析指标的计算。

（1）

根据流动资产÷流动负债=流动比率：

（450+250+400）/（280+A）=2.2

A=220（万元）

B=2 400−220−280−700=1 200（万元）

（2）

应收账款周转次数=1 650/［（150+250）/2］=8.25（次）

存货周转次数=990/［（400+260）/2］=3（次）

存货周转天数=360/3=120（天）

营业毛利率=（1 650−990）/1 650×100%=40%

10.46 斯尔解析 本题考查的是基本财务报表分析指标的计算、杜邦分析法以及因素分析法的应用。

（1）2018年年末的资产负债率=3 780/6 980×100%=54.15%

由于目标是2018年年末将资产负债率控制在55%以内，所以实现了降杠杆目标。

（2）

2017年净资产收益率=1 170/［（2 400+2 800）/2］×100%=45%

2018年净资产收益率=1 458/［（2 800+3 200）/2］×100%=48.6%

（3）

2017年的权益乘数=［（6 480+6 520）/2］/［（2 400+2 800）/2］=2.5

2018年的权益乘数=［（6 520+6 980）/2］/［（2 800+3 200）/2］=2.25

（4）

2017年营业净利率=1 170/9 750×100%=12%

2017年总资产周转率=9 750/［（6 480+6 520）/2］=1.5

2017年权益乘数=2.5

即2017年净资产收益率=12%×1.5×2.5=45%

2018年营业净利率=1 458/16 200×100%=9%

2018年总资产周转率=16 200/［（6 980+6 520）/2］=2.4

2018年权益乘数=2.25

即2018年净资产收益率=9%×2.4×2.25=48.6%

2018年与2017年净资产收益率的差额=48.6%−45%=3.6%

①替代营业净利率：净资产收益率=9%×1.5×2.5=33.75%

②替代总资产周转率：净资产收益率=9%×2.4×2.5=54%

③替代权益乘数：净资产收益率=9%×2.4×2.25=48.6%

因此，权益乘数变化对净资产收益率变化的影响=48.6%-54%=-5.4%

说明：当出现连续两年数据时，应当用下一年（2018年）的数据替代上一年（2017年）的数据。

10.47 斯尔解析 本题考查的是基本财务报表分析的指标计算。

（1）

营业毛利=营业收入-营业成本=8 000-6 400=1 600（万元）

营业毛利率=营业毛利/营业收入×100%=1 600/8 000×100%=20%

应收账款周转率=营业收入/应收账款平均余额=8 000/［（600+1 400）/2］=8（次）

存货周转率=营业成本/存货平均余额=6 400/［（800+2 400）/2］=4（次）

存货周转天数=360/4=90（天）

（2）营运资金增加额=流动资产增加额-流动负债增加额=（4 000-1 600）-（1 600-1 000）=1 800（万元）

（3）年末现金比率=（货币资金+交易性金融资产）/流动负债=（150+50）/1 600=0.125

10.48 斯尔解析 本题考查的是基本财务报表分析指标的计算和上市公司特殊财务指标的计算。

（1）营业净利率=净利润/营业收入=1 500/20 000×100%=7.5%

（2）利息保障倍数=息税前利润/应付利息=（2 000+600）/（600+400）=2.6

（3）净收益营运指数=经营净收益/净利润=（1 500-300）/1 500=0.8

（4）存货周转率=营业成本/存货平均余额=15 000/［（1 000+2 000）/2］=10（次）

（5）市盈率=每股市价/每股收益=4.5/（1 500/10 000）=30（倍）

五、综合题

10.49 斯尔解析 本题考查的是基本财务报表分析指标的计算、盈亏平衡分析、利润敏感性分析以及产品定价。

（1）

①营业净利率=1 200/10 000×100%=12%

②总资产周转率=10 000/8 000=1.25（次）

③权益乘数=8 000/4 000=2

④应收账款周转率=10 000/1 750=5.71（次）

⑤存货周转率=6 500/1 200=5.42（次）

（2）

①营业净利率评价企业的盈利能力，总资产周转率评价企业的营运能力，权益乘数评价企业的偿债能力（长期偿债能力）。

②乙公司的营业净利率为12%，丙公司的营业净利率为18%，说明丙公司的盈利能力更强；乙公司的总资产周转率为1.25次，丙公司的总资产周转率为0.6次，说明乙公司的营运能力更强；乙公司的权益乘数为2，丙公司的权益乘数为1，说明丙公司的偿债能力更强。

（3）

①变动成本总额=3 000+1 000=4 000（万元）

单位变动成本=4 000/1 000=4（万元）

②单位边际贡献=10−4=6（万元）

③息税前利润=6×1 000−（3 500+600）=1 900（万元）

④盈亏平衡点年销售量=（3 500+600）/（10−4）=683.33（件）

（4）

①单价增长10%：

单价=10×（1+10%）=11（万元）

息税前利润=（11−4）×1 000−（3 500+600）=2 900（万元）

利润变动百分比=（2 900−1 900）/1 900=52.63%

单价的敏感系数=52.63%/10%=5.26＞1，为敏感因素。

②单位变动成本增长10%：

单位变动成本=4×（1+10%）=4.4（万元）

息税前利润=（10−4.4）×1 000−（3 500+600）=1 500（万元）

利润变动百分比=（1 500−1 900）/1 900=−21.05%

单位变动成本的敏感系数=−21.05%/10%=−2.11，其绝对值大于1，为敏感因素。

（5）令定价为P，则（P−4）×1 000−（3 500+600）=2 900，求得P=11（万元）。

10.50 斯尔解析 本题考查的是基本财务报表分析指标的计算、上市公司特殊财务指标的计算、股票投资相关决策以及股票股利相关计算。

（1）

①营业毛利率=（5 000−3 500）/5 000×100%=30%

②总资产周转率=5 000/10 000=0.5（次）

③权益乘数=10 000/7 500=1.33

④净资产收益率=500/7 500×100%=6.67%

⑤营业现金比率=750/5 000×100%=15%

⑥每股营业现金净流量=750/1 000=0.75（元/股）

（2）基本每股收益=500/1 000=0.5（元/股）

（3）

假设全部转股，所增加的净利润=2 000×4%×3/12×（1−25%）=15（万元）。

假设全部转股，所增加的加权平均普通股股数=2 000/10×3/12=50（万股）。

因此，稀释每股收益=（500+15）/（1 000+50）=0.49（元/股）。

（4）必要收益率=4%+1.2×（9%−4%）=10%

（5）

①未分配利润减少数=1 000×20%×8=1 600（万元）

发放股利后的未分配利润=2 000−1 600=400（万元）

②股本增加额=1 000×20%×1=200（万元）

发放股利后的股本=1 000+200=1 200（万元）

③其余的1 400万元（1 600−200）应作为股票溢价转至“资本公积”项目，即发放股票股利后的资本公积=2 500+1 400=3 900（万元）。

（6）乙公司股票的价值=0.2/（10%−9%）=20（元），大于当前的股票市价8元，因此建议“增持”。

综合题集训

11.1 甲公司计划在2021年年初构建一条新生产线，现有A、B两个互斥投资方案，有关资料如下：

资料一：A方案需要一次性投资30 000 000元，建设期为0年，该生产线可用3年，按直线法计提折旧，净残值为0，第1年可取得税后营业利润10 000 000元，以后每年递增20%。

资料二：B方案需要一次性投资50 000 000元，建设期为0年，该生产线可用5年，按直线法计提折旧，净残值为0，投产后每年可获得营业收入35 000 000元，每年付现成本为8 000 000元。在投产期初需垫支营运资金5 000 000元，并于营业期满时一次性收回。

资料三：

企业适用的所得税税率是25%，项目折现率为8%，已知：（P/F，8%，3）=0.7938，（P/F，8%，4）=0.7350，（P/F，8%，5）=0.6806，（P/A，8%，3）=2.5771，（P/A，8%，4）=3.3121，（P/A，8%，5）=3.9927。

资料四：为筹集投资所需资金，甲公司在2021年1月1日按面值发行可转换债券，每张面值100元，票面利率为1%，按年计息，每年年末支付一次利息，一年后可以转换为公司股票，转换价格为每股20元。如果按面值发行相同期限、相同付息方式的普通债券，票面利率需要设定为5%。

要求：

（1）计算A方案每年的营业现金流量、净现值、现值指数。

（2）计算B方案原始投资额，第一年到第四年的现金净流量，第五年的现金净流量、净现值。

（3）分别计算两个方案的年金净流量，判断选择哪个方案。

（4）根据计算（3）的结果选择的方案，计算可转换债券在发行当年比一般债券节约的利息支出、可转换债券的转换比率。

【我来作答】

【我来总结】

11.2 甲公司是一家制造企业，长期以来仅生产M产品，公司现基于市场发展进行财务规划，有关资料如下：

资料一：M产品2020年的预计售价为100元/件，单位变动成本为50元，固定成本为130 000元。

资料二：公司现组织财务人员对2020年的销售量和资金需要量进行预测，其中销售量的预测拟采用修正的移动平均法，资金需要量则通过资金习性分析，采用高低点法进行预测。有关历史数据如下表所示：

	2015年	2016年	2017年	2018年	2019年
预测销售量（件）	2 800	3 000	3 120	3 200	3 300
实际销售量（件）	2 800	2 900	3 080	3 000	3 400
资金占用量（元）	700 000	720 000	735 000	800 000	820 000

资料三：

为进一步增强企业经营的灵活性，公司计划调整对上下游企业的相关政策，以盘活企业的营业，其部分方案如下：

（1）充分利用商业信用：甲公司供应商提供的付款条件为“2/10，N/30”；

（2）加快资金回笼：较大幅度向客户提供现金折扣，基于最新的销售预测数据，预计可使得应收账款周转率由2019年的2.51次提高至2020年的3.02次。已知2019年应收账款年末余额为12万元。

资料四：为扩大产能，公司计划在2020年购置一台新设备，该设备价值为200万元，无须安装就可以使用，预计使用寿命为10年，期满无残值，采用直线法计提折旧。假设该设备投产后，预计每年为公司增加税前营业利润为20万元。公司适用的所得税税率为25%。

要求：

（1）根据资料一，计算M产品盈亏平衡点的销售量。

（2）根据资料二，计算：

①2020年M产品预计的销售量；

②2020年M产品的安全边际率；

③2020年甲公司预计的资金需求量。

（3）根据资料三，计算放弃现金折扣的信用成本率。

（4）根据（2）的结果和资料三，计算甲公司加快资金回笼的措施预计能增收的资金数额。

（5）根据资料四，计算：

①新设备投产后每年增加的营业现金净流量；

②该设备投资的静态回收期。

【我来作答】

【我来总结】

11.3　甲公司长期以来只生产X产品，公司现组织财务部门进行2021年的财务计划与预算，有关资料如下：

资料一：X产品的单价为1 000元/件，单位变动成本为600元/件，2020年的销量为980件，假设该公司目前盈亏临界点作业率为40%。

资料二：公司拟采用修正的移动平均法对2021年的全年销售量进行预测，样本期为3期。有关历史数据如下表所示：

	2013	2014	2015	2016	2017	2018	2019	2020
预测销售量（件）	790	750	800	820	850	830	960	900
实际销售量（件）	800	720	810	830	870	810	1 060	980

资料三：受电商大促活动的影响，公司预计X产品在2021年第二季度和第四季度达到销售高峰，分别能实现300件和400件的销量，剩下两个季度销量相同。已知每季度预计期末产成品存货为下一季度预计销售量的10%。

资料四：甲公司各季度的销售收入中，有80%在本季度收到现金，20%在下一季度收到现金。2020年年末应收账款余额为80 000元，不考虑增值税及其他因素的影响。

资料五：公司2020年年末的现金余额为62 000元，2021年第一季度预计的现金支出为220 000元。公司在每季度末的理想现金余额是60 000元且不低于该水平。如果当季度现金不足，则向银行取得短期借款；如果当季度现金溢余，则偿还银行短期借款。短期借款的年利率为8%，按季度偿付利息。借款和还款的数额须为1 000元的整数倍。假设新增借款发生在季度初，归还借款发生在季度末。

要求：

（1）根据资料一，计算2020年甲公司X产品的下列指标：

①盈亏平衡点销售量；

②固定成本总额；

③安全边际率，并判断其经营安全程度。

（2）根据资料二，计算2021年甲公司X产品的预计销售量。

（3）根据（2）的结果和资料三，为确保第四季度大促活动的库存充足，计算第三季度的预计生产量。

（4）根据资料一、（2）的结果和资料四，计算甲公司2021年第一季度的预计现金收入。

（5）根据（4）的结果和资料五，计算甲公司第一季度资金预算中的：

①现金余缺；

②取得短期借款金额；

③短期借款利息金额；

④期末现金余额。

【我来作答】

【我来总结】

11.4　甲公司采用杜邦分析法进行绩效评价，并通过因素分析法寻求绩效改进思路。有关资料如下：

资料一：公司2020年产品销量为90 000件，单价为200元/件，净利润为5 400 000元。

资料二：2020年公司和行业的财务指标如下表所示。

财务指标	甲公司	行业平均水平
营业净利率	?	25%
总资产周转率	?	0.5
资产负债率	60%	?
净资产收益率	15%	25%

假定有关资产负债项目年末余额均代表全年平均水平。

资料三：公司将净资产收益率指标依次分解为营业净利率、总资产周转率和权益乘数三个因素，利用因素分析法对公司净资产收益率与行业平均水平的差异进行分析。

资料四：经测算，公司产品需求价格弹性系数为-3。为缩小净资产收益率与行业平均水平的差距，公司决定在2021年将产品价格降低10%，预计销售量与销售额都将增加，鉴于部分资产、负债与销售额存在稳定的百分比关系，预计2021年资产增加额和负债增加额分别为当年销售额的18%和8%。

资料五：预计公司在2021年的销售净利率（即营业净利率）为22%，利润留存率为30%。

（1）根据资料一和资料二，计算甲公司2020年的下列指标：

①营业净利率；

②权益乘数；

③总资产周转率。

（2）根据资料二，计算行业平均水平的权益乘数和资产负债率。

（3）根据资料一、资料二和资料三，采用差额分析法分别计算三个因素对甲公司净资产收益率与行业平均水平的差异的影响数，并指出造成该差异的最主要影响因素。

（4）根据资料四及上述有关信息，计算：

①2021年的销售额增长百分比；

②2021年的总资产周转率，并判断公司资产运营效率是否改善。

（5）根据资料四、资料五及上述有关信息，利用销售百分比法测算公司2021年的外部融资需求量。

【我来作答】

【我来总结】

11.5　丙公司是一家制造类的上市公司，公司正在对2020年的投融资方案进行筹划，有关资料如下：

资料一：丙公司2019年12月31日的资产负债表简表及相关信息如下表所示。

丙公司2019年12月31日资产负债表简表　　金额单位：万元

资产	金额	占销售额百分比	负债与权益	金额	占销售额百分比
现金	500	5	短期借款	2 500	N
应收账款	1 500	15	应付账款	1 000	10
存货	3 000	30	预提费用	500	5
固定资产	3 000	N	公司债券	1 000	N
			实收资本	2 000	N
			留存收益	1 000	N
合计	8 000	50	合计	8 000	15

资料二：丙公司拟通过销售百分比法确定2020年资金需求量。已知丙公司2019年销售额10 000万元，销售净利率10%，利润留存率40%，普通股股数2 000万股，公司目前的股票市价为10元。丙公司2020年销售额预计增长20%，销售净利率和利润留存率保持不变。

资料三：

为解决资金的缺口，公司打算通过以下两种方式筹集资金：

①溢价发行面值为100元的优先股，年固定股息率为9%，发行价格为120元，发行时筹资费用率为发行价的3%；

②从银行获批100万元的周转信贷额度，约定年利率为10%，承诺费率为0.5%。

资料四：丙公司一直以来对从事智能制造的A公司十分看好，准备在2020年购买A公司股票并打算长期持有，要求达到12%的收益率。已知A公司2019年的每股股利为0.6元，预计未来3年股利以15%的速度高速增长，从第4年开始以9%的速度转入正常增长。A公司当前的股票市价为18元。

资料五：相关货币时间价值系数表如下表所示：

相关货币时间价值系数表

期数（n）	1	2	3	4
（P/F，i，n）	0.893	0.797	0.712	0.636
（P/A，i，n）	0.909	1.736	2.487	3.170

要求：

（1）根据资料一和资料二，计算丙公司2020年下列各项金额：

①因销售增加而增加的资产额；

②因销售增加而增加的负债额；

③因销售增加而需要增加的资金量；

④预计利润的留存增加额；

⑤外部融资需要量。

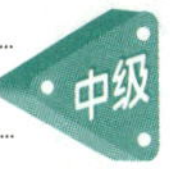

（2）根据（1）的结果，如果丙公司2020年需要增加固定资产投资100万元，计算外部融资需要量。

（3）根据资料二，计算丙公司2019年的每股收益以及当前的市盈率。

（4）根据资料三，不考虑货币时间价值，计算优先股的资本成本率。

（5）根据资料三，假设丙公司2020年企业预计动用贷款60万元，使用时间为12个月，计算该笔业务预计的借款成本。

（6）根据资料四和资料五，计算A公司：

①高速增长期的股利现值之和；

②正常增长期的股利在第3年年末的现值；

③股票的内在价值。

（7）根据（6）的结果，请给出丙公司是否应当购买A公司股票的决策，并说明理由。

【我来作答】

【我来总结】

11.6　甲公司是一家上市公司，企业所得税税率为25%，相关资料如下：

资料一：公司为扩大生产经营准备购置一条新生产线，计划于2020年年初一次性投入资金6 000万元，全部形成固定资产并立即投入使用，建设期为0，使用年限为6年，新生产线每年增加营业收入3 000万元，增加付现成本1 000万元。新生产线开始投产时需垫支营运资金700万元，在项目终结时一次性收回。固定资产采用直线法计提折旧，预计净残值为1 200万元。公司所要求的最低投资收益率为8%，相关资金时间价值系数为：（P/A，8%，5）=3.9927，（P/F，8%，6）=0.6302。

资料二：为满足购置生产线的资金需求，公司设计了两个筹资方案。

方案一为向银行借款6 000万元，期限为6年，年利率为6%，每年年末付息一次，到期还本。

方案二为发行普通股1 000万股，每股发行价6元。公司将持续执行稳定增长的股利政策，每年股利增长率为3%。预计公司2020年每股股利为0.48元。

资料三：已知筹资方案实施前，公司发行在外的普通股股数为3 000万股，年利息费用为500万元。经测算，追加筹资后预计年息税前利润可达到2 200万元。

要求：

（1）根据资料一，计算新生产线项目的下列指标：

①第0年的现金净流量；

②第1～5年每年的现金净流量；

③第6年的现金净流量；

④现值指数。

（2）根据现值指数指标，判断公司是否应该进行新生产线投资，并说明理由。

（3）根据资料二，计算：

①银行借款的资本成本率；

②发行股票的资本成本率。

（4）根据资料二、资料三，计算两个筹资方案的每股收益无差别点，判断公司应该选择哪个筹资方案，并说明理由。

【我来作答】

【我来总结】

11.7 甲公司是一家制造业企业集团，生产耗费的原材料为L零部件。有关资料如下：

资料一：L零部件的年正常需要量为54 000个，2018年及以前年度一直从乙公司进货，单位购买价格100元/个，单位变动储存成本为6元/个，每次订货变动成本为2 000元，一年按360天计算。

资料二：2018年，甲公司全年应付账款平均余额为450 000元，假定应付账款全部为应向乙公司支付的L零部件的价款。

资料三：2019年年初，乙公司为鼓励甲公司尽早还款，向甲公司开出的现金折扣条件为"2/10，N/30"，目前甲公司用于支付账款的资金需要在30天时才能周转回来，30天以内的资金需求要通过银行借款筹集，借款利率为4.8%。甲公司综合考虑借款成本与折扣收益，决定在10天付款方案和30天付款方案中作出选择。

资料四：受经济环境的影响，甲公司决定自2020年将零部件从外购转为自行生产，计划建立一个专门生产L零部件的A分厂。该分厂投入运行后的有关数据估算如下，零部件的年产量为54 000个，单位直接材料为30元/个，单位直接人工为20元/个，其他成本全部为固定成本，金额为1 900 000元。

资料五：甲公司将A分厂作为一个利润中心予以考核，内部结算价格为100元/个，该分厂全部固定成本1 900 000元中，该分厂负责人可控的部分占700 000元。

要求：

（1）根据资料一，按照经济订货基本模型计算：

①零部件的经济订货量；

②全年最佳订货次数；

③最佳订货周期（要求用天数表示）；

④经济订货量下的变动储存成本总额。

（2）根据资料一和资料二，计算2018年度的应付账款周转期（要求用天数表示）。

（3）根据资料一和资料三，分别计算甲公司2019年度两个付款方案的净收益，并判断甲公司应选择哪个付款方案。

（4）根据资料四，计算A分厂投入运营后预计年产品成本总额。

（5）根据资料四和资料五，计算A分厂作为利润中心的如下业绩考核指标：

①边际贡献；

②可控边际贡献；

③部门边际贡献。

【我来作答】

【我来总结】

11.8　甲公司是一家上市公司，适用的企业所得税税率为25%。公司现阶段基于发展需要，拟实施新的投资计划，有关资料如下：

资料一：

公司项目投资的必要收益率为15%，有关货币时间价值系数如下：

（P/A，15%，2）=1.6257；

（P/A，15%，3）=2.2832；

（P/A，15%，6）=3.7845；

（P/F，15%，3）=0.6575；

（P/F，15%，6）=0.4323。

资料二：公司的资本支出预算为5 000万元，有A、B两种互斥投资方案可供选择，A方案的建设期为0年，需要于建设起点一次性投入资金5 000万元，运营期为3年，无残值，现金净流量每年均为2 800万元。B方案的建设期为0年，需要于建设起点一次性投入资金5 000万元，其中：固定资产投资4 200万元，采用直线法计提折旧，使用年限为6年，无残值；垫支营运资金800万元，第6年年末收回垫支的营运资金。预计投产后第1～6年每年营业收入2 700万元，每年付现成本700万元。

资料三：经测算，A方案的年金净流量为610.09万元。

资料四：针对上述5 000万元的资本支出预算所产生的融资需求，公司为保持合理的资本结构，决定调整股利分配政策，公司当前的净利润为4 500万元，过去长期以来一直采用固定股利支付率政策进行股利分配，股利支付率为20%，如果改用剩余股利政策，所需权益资本应占资本支出预算金额的70%。

要求：

（1）根据资料一和资料二，计算A方案的静态回收期、动态回收期、净现值、现值指数。

（2）根据资料一和资料二，计算B方案的净现值、年金净流量。

（3）根据资料二，判断公司在选择A、B两种方案时，应采用净现值法还是年金净流量法。

（4）根据要求（1）、要求（2）、要求（3）的结果和资料三，判断公司应选择A方案还是B方案。

（5）根据资料四，如果继续执行固定股利支付率政策，计算公司的收益留存额。

（6）根据资料四，如果改用剩余股利政策，计算公司的收益留存额与可发放股利额。

【我来作答】

【我来总结】

11.9　甲公司是一家制造企业，近几年公司生产经营比较稳定，并假定产销平衡，公司结合自身发展和资本市场环境，以利润最大化为目标，并以每股收益作为主要评价指标。有关资料如下：

资料一：2016年度公司产品产销量为2 000万件，产品销售单价为50元，单位变动成本为30元，固定成本总额为20 000万元。假定单价、单位变动成本和固定成本总额在2017年保持不变。

资料二：2016年度公司全部债务资金均为长期借款，借款本金为200 000万元，年利率为5%，全部利息都计入当期费用。假定债务资金和利息水平在2017年保持不变。

资料三：公司在2016年年末预计2017年的产销量将比2016年增长20%。

资料四：2017年度的实际产销量与上年年末的预计有出入，年实际归属于普通股股东的净利润为8 400万元。2017年年初，公司发行在外的普通股数为3 000万股；2017年9月30日，公司增发普通股2 000万股。

资料五：2018年7月1日，公司发行可转换债券一批，债券面值为8 000万元，期限为5年，2年后可以转换为本公司的普通股，转换价格为每股10元。可转换债券当年发生的利息全部计入当期损益，其对于公司当年净利润的影响数为200万元。公司当年归属于普通股股东的净利润为10 600万元，公司适用的企业所得税税率为25%。

资料六：2018年年末，公司普通股的每股市价为31.8元，同行业类似可比公司的市盈率均在25倍左右（按基本每股收益计算）。

要求：

（1）根据资料一，计算2016年边际贡献总额和息税前利润。

（2）根据资料一和资料二，以2016年为基期计算经营杠杆系数、财务杠杆系数和总杠杆系数。

（3）根据要求（2）的计算结果和资料三，计算：

①2017年息税前利润预计增长率；

②2017年每股收益预计增长率。

（4）根据资料四，计算公司2017年基本每股收益。

（5）根据资料四和资料五，计算公司2018年的基本每股收益和稀释每股收益。

（6）根据要求（5）基本每股收益的计算结果和资料六，计算公司2018年年末市盈率，并初步判断市场对于该公司的收益预期是否看好。

【我来作答】

【我来总结】

11.10 甲企业是某公司下属的一个独立分厂，该企业仅生产并销售W产品，2018年有关预算与考核分析资料如下：

资料一：W产品的预计产销量相同，2018年第一至第四季度的预计产销量分别为100件、200件、300件和400件，预计产品销售单价为1 000元/件。预计销售收入中，有60%在本季度收到现金，40%在下一季度收到现金。2017年年末应收账款余额为80 000元。不考虑增值税及其他因素的影响。

资料二：2018年年初材料存货量为500千克，每季度末材料存货量按下一季度生产需用量的10%确定。单位产品用料标准为10千克/件，单位材料价格标准为5元/千克。材料采购款有50%在本季度支付现金，另外50%在下一季度支付。

资料三：企业在每季度末的理想现金余额是50 000元，且不得低于50 000元。如果当季度现金不足，则向银行取得短期借款；如果当季度现金溢余，则偿还银行短期借款。短期借款的年利率为10%，按季度偿付利息。借款和还款的数额须为1 000元的整数倍。假设新增借款发生在季度初，归还借款发生在季度末。2018年第一季度，在未考虑银行借款情况下的现金余额（即现金余缺）为26 700元。假设2018年年初，企业没有借款。

资料四：2018年年末，企业对第四季度预算执行情况进行考核分析。第四季度W产品的实际产量为450件，实际材料耗用量为3 600千克，实际材料单价为6元/千克。

要求：

（1）根据资料一，计算：

①W产品第一季度的现金收入；

②预计资产负债表中应收账款的年末数。

（2）根据资料一和资料二，计算：

①第一季度预计材料期末存货量；

②第二季度预计材料采购量；

③第三季度预计材料采购金额。

（3）根据资料三，计算第一季度现金预算中：

①取得短期借款金额；

②短期借款利息金额；

③期末现金金额。

（4）根据资料一、资料二和资料四，计算第四季度材料费用总额实际数与预算数之间的差额。

（5）根据资料一、资料二和资料四，使用连环替代法，依次计算第四季度下列因素变化对材料费用总额实际数与预算数之间差额的影响：

①产品产量；

②单位产品材料消耗量；

③单位材料价格。

【我来作答】

【我来总结】

11.11 甲公司是一家国内中小板上市的制造企业，基于公司持续发展需要，公司决定优化资本结构，并据以调整相关股利分配政策。有关资料如下：

资料一：公司已有的资本结构如下：债务资金账面价值为600万元，全部为银行借款本金，年利率为8%，假设不存在手续费等其他筹资费用；权益资金账面价值为2 400万元，权益资本成本率采用资本资产定价模型计算。已知无风险收益率为6%，市场组合收益率为10%。公司股票的β系数为2。公司适用的企业所得税税率为25%。

资料二：公司当前销售收入为12 000万元，变动成本率为60%，固定成本总额800万元。上述变动成本和固定成本均不包含利息费用。随着公司所处资本市场环境变化以及持续稳定发展的需要，公司认为现有的资本结构不够合理，决定采用公司价值分析法进行资本结构优化分析。经研究，公司提出两种资本结构调整方案，两种方案下的债务资金和权益资本的相关情况如下表所示：

调整方案	全部债务市场价（万元）	税前债务利息率	公司权益资本成本率
方案1	2 000	8%	10%
方案2	3 000	8.4%	12%

假定公司债务市场价值等于其账面价值，且税前债务利息率等于税前债务资本成本率，同时假定公司总税前利润水平保持不变，权益资本市场价值按净利润除以权益资本成本率这种简化方式进行测算。

资料三：公司实现净利润2 800万元。为了确保最优资本结构，公司拟采用剩余股利政策。假定投资计划需要资金2 500万元，其中权益资金占比应达到60%。公司发行在外的普通股数量为2 000万股。

资料四：公司自上市以来一直采用基本稳定的固定股利政策，每年发放的现金股利均在每股0.9元左右。不考虑其他因素影响。

要求：

（1）根据资料一，计算公司的债务资本成本率、权益资本成本率，并按账面价值权数计算公司的平均资本成本率。

（2）根据资料二，计算公司当前的边际贡献总额、息税前利润。

（3）根据资料二，计算两种方案下的公司市场价值，并据以判断采用何种资本结构优化方案。

（4）根据资料三，计算投资计划所需要的权益资本数额以及预计可发放的现金股利，并据此计算每股股利。

（5）根据要求（4）的计算结果和资料四，不考虑其他因素，依据信号传递理论，判断公司改变股利政策可能给公司带来什么不利影响。

【我来作答】

【我来总结】

11.12 戊公司是一家设备制造商，公司基于市场发展进行财务规划，有关资料如下：

资料一：戊公司2017年12月31日的资产负债表简表及相关信息如下表所示。

戊公司2017年12月31日资产负债表简表金额　　单位：万元

资产	金额	占销售额百分比%	负债与权益	金额	占销售额百分比%
现金	1 000	2.5	短期借款	5 000	N
应收票据	8 000	20.0	应付票据	2 000	5.0
应收账款	5 000	12.5	应付账款	8 000	20.0
存货	4 000	10.0	应付债券	6 000	N
其他流动资产	4 500	N	实收资本	20 000	N
固定资产	23 500	N	留存收益	5 000	N
合计	46 000	45.0	合计	46 000	25.0

注：表中“N”表示该项目不随销售额的变动而变动。

资料二：戊公司2017年销售额为40 000万元，销售净利率为10%，利润留存率为40%。预计2018年销售增长率为30%，销售净利率和利润留存率保持不变。

资料三：戊公司计划于2018年1月1日从租赁公司融资租入一台设备，该设备价值为1 000万元，租期为5年。租赁期满时预计净残值为100万元，归租赁公司所有。年利率为8%，年租赁手续费为2%，租金每年年末支付1次。

相关货币时间价值系数为（P/F，8%，5）=0.6806；（P/F，10%，5）=0.6209；（P/A，8%，5）=3.9927；（P/A，10%，5）=3.7908。

资料四：经测算，资料三中新增设备投产后每年能为戊公司增加税后营业利润132.5万元，设备年折旧额为180万元。

资料五：

戊公司采用以下两种筹资方式：

①利用商业信用：戊公司供应商提供的付款条件为“1/10，N/30”；

②向银行借款：借款年利率为8%。一年按360天计算，该公司适用的企业所得税税率为25%。不考虑增值税及其他因素的影响。

要求：

（1）根据资料一和资料二，计算戊公司2018年下列各项金额：

①因销售增加而增加的资产额；

②因销售增加而增加的负债额；

③因销售增加而需要增加的资金量；

④预计利润的留存增加额；

⑤外部融资需要量。

（2）根据资料三，计算下列数值：

①计算租金时使用的折现率；

②该设备的年租金。

（3）根据资料四，计算下列数值：

①新设备投产后每年增加的营业现金净流量；

②如果公司按1 000万元自行购买而非租赁该设备，计算该设备投资的静态回收期。

（4）根据资料五，计算并回答如下问题：

①计算放弃现金折扣的信用成本率；

②判断戊公司是否应该放弃现金折扣，并说明理由；

③计算银行借款的资本成本率。

【我来作答】

【我来总结】

11.13 己公司和庚公司是同一行业、规模相近的两家上市公司。有关资料如下：

资料一：己公司2017年普通股股数为10 000万股，每股收益为2.31元。部分财务信息如下：

己公司部分财务信息 单位：万元

项目	2017年年末数据	项目	2017年度数据
负债合计	184 800	营业收入	200 000
股东权益合计	154 000	净利润	23 100
资产合计	338 800	经营活动现金流量净额	15 000

资料二：己公司股票的β系数为1.2，无风险收益率为4%，证券市场平均收益率为9%，己公司按每年每股3元发放固定现金股利。目前该公司的股票市价为46.20元。

资料三：己公司和庚公司2017年的部分财务指标如下表所示。

己公司和庚公司的部分财务指标

项目	己公司	庚公司
产权比率	（A）	1
净资产收益率（按期末数计算）	（B）	20%
总资产周转率（按期末数计算）	（C）	0.85
营业现金比率	（D）	15%
每股营业现金净流量（元）	（E）	*
市盈率（倍）	（F）	*

注：表内“*”表示省略的数据。

资料四：庚公司股票的必要收益率为11%。该公司2017年度股利分配方案是每股现金股利1.5元（即D_0=1.5），预计未来各年的股利年增长率为6%。目前庚公司的股票市价为25元。

要求：

（1）根据资料一和资料二，确定上述表格中字母A、B、C、D、E、F所代表的数值（不需要列示计算过程）。

（2）根据要求（1）的计算结果和资料三，回答下列问题：

①判断己公司和庚公司谁的财务结构更加稳健，并说明理由；

②判断己公司和庚公司哪个获取现金的能力更强，并说明理由。

（3）根据资料二，计算并回答下列问题：

①运用资本资产定价模型计算己公司股票的必要收益率；

②计算己公司股票的价值；

③给出“增持”或“减持”该股票的投资建议，并说明理由。

（4）根据资料四，计算并回答如下问题：

①计算庚公司股票的内部收益率；

②给出“增持”或“减持”该股票的投资建议，并说明理由。

【我来作答】

【我来总结】

11.14 乙公司是一家制造企业，长期以来只生产A产品。2018年有关资料如下：

资料一：8月份A产品月初存货量预计为180件，8月份和9月份的预计销售量分别为2 000件和2 500件。A产品的预计月末存货量为下月销售量的12%。

资料二：生产A产品需要耗用X、Y、Z三种材料，其价格标准和用量标准如下表所示。

A产品直接材料成本标准

项目	标准		
	X材料	Y材料	Z材料
价格标准	10元/千克	15元/千克	20元/千克
用量标准	3千克/件	2千克/件	2千克/件

资料三：公司利用标准成本信息编制直接人工预算。生产A产品的工时标准为3小时/件，标准工资率为20元/小时。8月份A产品的实际产量为2 200件，实际工时为7 700小时，实际发生直接人工成本146 300元。

资料四：公司利用标准成本信息，并采用弹性预算法编制制造费用预算，A产品的单位变动制造费用标准成本为18元，每月的固定制造费用预算总额为31 800元。

资料五：A产品的预计销售单价为200元/件，每月销售收入中，有40%在当月收取现金，另外的60%在下月收取现金。

资料六：9月份月初现金余额预计为60 500元，本月预计现金支出为487 500元。公司理想的月末现金余额为60 000元且不低于该水平，现金余额不足时向银行借款，多余时归还银行借款，借入和归还金额均要求为1 000元的整数倍。不考虑借款利息、增值税及其他因素的影响。

要求：

（1）根据资料一，计算8月份A产品的预计生产量。

（2）根据资料二，计算A产品的单位直接材料标准成本。

（3）根据要求（1）的计算结果和资料三，计算8月份的直接人工预算金额。

（4）根据资料三，计算下列成本差异：

①直接人工成本差异；

②直接人工效率差异；

③直接人工工资率差异。

（5）根据要求（1）的计算结果和资料四，计算8月份制造费用预算总额。

（6）根据要求（1）、（2）的计算结果和资料三、资料四，计算A产品的单位标准成本。

（7）根据资料一和资料五，计算公司9月份的预计现金收入。

（8）根据要求（7）的计算结果和资料六，计算9月份的预计现金余缺，并判断为保持所需现金余额，是否需要向银行借款，如果需要，指出应借入多少款项。

【我来作答】

【我来总结】

11.15 甲公司是一家生产经营比较稳定的制造企业，长期以来仅生产A产品。公司2017年和2018年的有关资料如下：

资料一：公司采用指数平滑法对销售量进行预测，平滑指数为0.6。2017年A产品的预测销售量为50万吨，实际销售量为45万吨，A产品的销售单价为3 300元/吨。

资料二：由于市场环境发生变化，公司对原销售预测结果进行修正，将预计销售额调整为180 000万元。公司通过资金习性分析，采用高低点法对2018年度资金需要量进行预测。有关历史数据如下表所示：

资金与销售额变化情况表　　　　单位：万元

年度	2017年	2016年	2015年	2014年	2013年	2012年
销售额	148 500	150 000	129 000	120 000	105 000	100 000
资金占用	54 000	55 000	50 000	49 000	48 500	47 500

资料三：公司在2017年度实现净利润50 000万元，现根据2018年度的预计资金需求量来筹集资金，为了维持目标资本结构，要求所需资金中，负债资金占40%，权益资金占60%，按照剩余股利政策分配现金股利。公司发行在外的普通股股数为2 000万股。

资料四：公司在2018年有计划地进行外部融资，其部分资金的融资方案如下：溢价发行5年期公司债券，面值总额为900万元，票面利率为9%，发行总价为1 000万元，发行费用率为2%；另向银行借款4 200万元，年利率为6%。公司适用的企业所得税税率为25%。

要求：

（1）根据资料一，计算：

①2018年A产品的预计销售量；

②2018年A产品的预计销售额。

（2）根据资料二，计算如下指标：

①单位变动资金；

②不变资金总额；

③2018年度预计资金需求量。

（3）根据要求（2）的计算结果和资料三，计算：

①2018年资金总需求中的权益资本数额；

②发放的现金股利总额与每股股利。

（4）根据资料四，不考虑货币时间价值，计算下列指标：

①债券的资本成本率；

②银行借款的资本成本率。

【我来作答】

【我来总结】

11.16 丁公司是一家处于初创阶段的电子产品生产企业，相关资料如下：

资料一：2016年开始生产和销售P产品，售价为0.9万元/件，全年生产20 000件，产销平衡。丁公司适用的所得税税率为25%。

资料二：2016年财务报表部分数据如下表所示：

资产负债表部分数据　　单位：万元

流动资产合计	27 500	负债合计	35 000
非流动资产合计	32 500	所有者权益合计	25 000
资产总计	60 000	负债与所有者权益总计	60 000

利润表项目（年度数）　　单位：万元

营业收入	18 000	利润总额	3 000
营业成本	11 000	所得税	750
期间费用	4 000	净利润	2 250

资料三：所在行业的相关财务指标平均水平：总资产净利率为4%，总资产周转次数为0.5次，营业净利率为8%，权益乘数为2。

资料四：公司2016年营业成本中固定成本为4 000万元，变动成本为7 000万元，期间费用中固定成本为2 000万元，变动成本为1 000万元，利息费用为1 000万元，假设2017年成本性态不变。

资料五：公司2017年目标净利润为2 640万元，预计利息费用为1 200万元。

要求：

（1）根据资料二，计算下列指标（计算中需要使用期初与期末平均数的，以期末数替代）：

①总资产净利率；

②权益乘数；

③营业净利率；

④总资产周转率。

（2）根据要求（1）的计算结果和资料三，完成下列要求：

①依据所在行业平均水平对丁公司偿债能力和营运能力进行评价；

②说明丁公司总资产净利率与行业平均水平差异形成的原因。

（3）根据资料一、资料四和资料五，计算2017年的下列指标：

①单位变动成本；

②保本点销售量；

③实现目标净利润的销售量；

④实现目标净利润时的安全边际量。

【我来作答】

【我来总结】

11.17 戊化工公司拟进行一项固定资产投资，以扩充生产能力。现有X、Y、Z三个方案备选。相关资料如下：

资料一：戊公司现有长期资本10 000万元，其中，普通股资本为5 500万元，长期借款为4 000万元，留存收益为500万元，长期借款年利率为8%。该公司股票的系统风险是整个股票市场风险的2倍。目前整个股票市场平均收益率为8%，无风险收益率为5%。假设该投资项目的风险与公司整体风险一致。该投资项目的筹资结构与公司资本结构相同。新增债务利率不变。

资料二：X方案需要投资固定资产500万元，不需要安装就可以使用，预计使用寿命为10年，期满无残值，采用直线法计算折旧，该项目投产后预计会使公司的存货和应收账款共增加20万元，应付账款增加5万元，假设不会增加其他流动资产和流动负债。在项目运营的10年中，预计每年为公司增加税前营业利润80万元。X方案的现金流量如表1所示。

表1　X方案的现金流量计算表　单位：万元

年数	0	1～9	10
一、投资期现金流量			
固定资产投资	（A）		
营运资金垫支	（B）		
投资现金净流量	*		
二、营业期现金流量			
销售收入		*	*
付现成本		*	*
折旧		（C）	*
税前营业利润		80	*
所得税		*	*
税后营业利润		（D）	*
营业现金净流量		（E）	（F）
三、终结期现金流量			
固定资产净残值			*
回收营运资金			（G）
终结期现金流量表			*
四、年现金净流量合计	*	*	（H）

注：表内的“*”为省略的数值。

资料三：Y方案需要投资固定资产300万元，不需要安装就可以使用，预计使用寿命为8年，期满无残值。预计每年营业现金净流量为50万元。经测算，当折现率为6%时，该方案的净现值为10.49万元；当折现率为8%时，该方案的净现值为-12.67万元。

资料四：X方案、Y方案与Z方案的相关指标如表2所示。

表2 备选方案的相关指标

方案	X方案	Y方案	Z方案
原始投资额现值（万元）	*	300	420
期限（年）	10	8	8
净现值（万元）	197.27	*	180.50
现值指数	1.38	0.92	（J）
内含收益率	17.06%	*	*
年金净流量（万元）	（I）	*	32.61

注：表内的“*”为省略的数值。

资料五：公司适用的所得税税率为25%。相关货币时间价值系数如表3所示。

表3 相关货币时间价值系数表

期数（n）	8	9	10
（P/F，i，n）	0.5019	0.4604	0.4224
（P/A，i，n）	5.5348	5.9952	6.4177

注：i为项目的必要收益率。

要求：

（1）根据资料一，利用资本资产定价模型计算戊公司普通股资本成本。

（2）根据资料一和资料五，计算戊公司的加权平均资本成本。

（3）根据资料二和资料五，确定表1中字母所代表的数值（不需要列示计算过程）。

（4）根据以上计算的结果和资料三，完成下列要求：

①计算Y方案的静态投资回收期和内含收益率；

②判断Y方案是否可行，并说明理由。

（5）根据资料四和资料五，确定表2中字母所代表的数值（不需要列示计算过程）。

（6）判断戊公司应当选择的投资方案，并说明理由。

【我来作答】

【我来总结】

11.18 己公司长期以来只生产X产品，有关资料如下：

资料一：2016年度X产品实际销售量为600万件，销售单价为30元，单位变动成本为16元，固定成本总额为2 800万元，假设2017年X产品单价和成本性态保持不变。

资料二：公司按照指数平滑法对各年销售量进行预测，平滑指数为0.7。2015年公司预测的2016年销售量为640万件。

资料三：为了提升产品市场占有率，公司决定2017年放宽X产品销售的信用条件，延长信用期，预计销售量将增加120万件，收账费用和坏账损失将增加350万元，应收账款年平均占有资金将增加1 700万元，资本成本率为6%。

资料四：2017年度公司发现新的商机，决定利用现有剩余生产能力，并添置少量辅助生产设备，生产一种新产品Y。预计Y产品的年销售量为300万件，销售单价为36元，单位变动成本为20元，固定成本每年增加600万元，与此同时，X产品的销售会受到一定冲击，其年销售量将在原来基础上减少200万件。

要求：

（1）根据资料一，计算2016年度下列指标：

①边际贡献总额；

②保本点销售量；

③安全边际额；

④安全边际率。

（2）根据资料一和资料二，完成下列要求：

①采用指数平滑法预测2017年度X产品的销售量；

②以2016年为基期计算经营杠杆系数；

③预测2017年息税前利润增长率。

（3）根据资料一和资料三，计算公司因调整信用政策而预计增加的相关收益（边际贡献）、相关成本和相关利润，并据此判断改变信用条件是否对公司有利。

（4）根据资料一和资料四，计算投产新产品Y为公司增加的息税前利润，并据此作出是否投产新产品Y的经营决策。

【我来作答】

【我来总结】

11.19 戊公司是一家啤酒生产企业，相关资料如下：

资料一：由于戊公司产品生产和销售存在季节性，应收账款余额在各季度的波动幅度很大，其全年应收账款平均余额的计算公式确定为：应收账款平均余额=年初余额/8+第一季度末余额/4+第二季度末余额/4+第三季度末余额/4+年末余额/8，公司2016年各季度应收账款余额如表1所示。

表1　　2016年各季度应收账款余额表　　单位：万元

项目	年初	第一季度末	第二季度末	第三季度末	年末
金额	1 380	2 480	4 200	6 000	1 260

资料二：戊公司2016年年末资产负债表有关项目余额及其与营业收入的关系如表2所示。

表2　　2016年资产负债表有关项目期末余额及其与营业收入的关系

资产项目	期末数（万元）	与营业收入的关系	负债与股东权益项目	期末数（万元）	与营业收入的关系
现金	2 310	11%	短期借款	2 000	N
应收账款	1 260	6%	应付账款	1 050	5%
存货	1 680	8%	长期借款	2 950	N
固定资产	8 750	N	股本	7 000	N
—	—	—	留存收益	1 000	N
资产总计	14 000	25%	负债与股东权益总计	14 000	5%

注：表中“N”表示该项目不能随营业收入的变动而变动，应收账款包括会计报表中“应收票据及应收账款”等全部赊销账款。

资料三：2016年度公司营业收入为21 000万元，营业成本为8 400万元，存货周转期为70天，应付账款周转期为66天，假设一年按360天计算。

资料四：公司为了扩大生产能力，拟购置一条啤酒生产线，预计需增加固定资产投资4 000万元，假设现金、应收账款、存货、应付账款项目与营业收入的比例关系保持不变，增加生产线后预计2017年营业收入将达到28 000万元，税后利润将增加到2 400万元，预计2017年度利润留存率为45%。

资料五：为解决资金缺口，公司打算通过以下两种方式筹集资金：

①按面值发行4 000万元的债券，期限为5年，票面利率为8%，每年付息一次，到期一次还本，筹资费用率为2%，公司适用的所得税税率为25%。

②向银行借款解决其余资金缺口，期限为1年，年名义利率为6.3%，银行要求公司保留10%的补偿性余额。

要求：

（1）根据资料一和资料三，计算2016年度下列指标：

①应收账款平均余额；

②应收账款周转期；

③经营周期；

④现金周转期。

（2）根据资料二和资料三，计算下列指标：

①2016年度末的权益乘数；

②2016年度的营业毛利率。

（3）根据资料二、资料三和资料四，计算2017年度下列指标：

①利润留存额；

②外部融资需求量。

（4）根据资料五，计算下列指标：

①发行债券的资本成本率（不考虑货币的时间价值）；

②短期借款的年实际利率。

【我来作答】

【我来总结】

11.20 戊公司是一家以软件研发为主要业务的上市公司，其股票于2013年在我国深圳证券交易所创业板上市交易。戊公司有关资料如下：

资料一：X是戊公司下设的一个利润中心，2015年X利润中心的营业收入为600万元，变动成本为400万元，该利润中心负责人可控的固定成本为50万元，由该利润中心承担但其负责人无法控制的固定成本为30万元。

资料二：Y是戊公司下设的一个投资中心，年初已占用的投资额为2 000万元，预计每年可实现利润300万元，投资收益率为15%，2016年年初有一个投资额为1 000万元的投资机会，预计每年增加利润90万元，假设戊公司投资的必要收益率为10%。

资料三：2015年戊公司实现的净利润为500万元，2015年12月31日戊公司股票每股市价为10元。戊公司2015年年末资产负债表相关数据如下表所示。

戊公司资产负债表相关数据　　　　单位：万元

项目	金额
资产总计	10 000
负债总计	6 000
股本（面值1元，发行在外1 000万股）	1 000
资本公积	500
盈余公积	1 000
未分配利润	1 500
所有者权益合计	4 000

资料四：戊公司2016年拟筹资1 000万元以满足发展的需要，戊公司2015年年末的资本结构即目标资本结构。

资料五：2016年3月1日，戊公司制定的2015年度利润分配方案如下：（1）鉴于法定盈余公积的累计额已达注册资本的50%，不再计提盈余公积；（2）每10股发放现金股利1元；（3）每10股发放股票股利1股。发放股利时戊公司的股价为10元/股。

要求：

（1）根据资料一，计算X利润中心的边际贡献，可控边际贡献和部门边际贡献，并指出以上哪个指标可以更好地评价X利润中心负责人的管理业绩。

（2）

①计算接受投资机会前Y投资中心的剩余收益；

②计算接受投资机会后Y投资中心的剩余收益；

③判断Y投资中心是否应接受新投资机会，并说明理由。

（3）根据资料三，计算戊公司2015年12月31日的市盈率和市净率。

（4）在剩余股利政策下，计算下列数据：

①权益筹资数额；

②每股现金股利。

（5）计算发放股利后下列指标：

①未分配利润；

②股本；

③资本公积。

【我来作答】

【我来总结】

11.21 己公司是一家饮料生产商，公司相关资料如下：

资料一：己公司2015年相关财务数据如表1所示，假设己公司成本性态不变，现有债务利息水平不变。

表1 己公司2015年相关财务数据 单位：万元

资产负债类项目（2015年12月31日）	金额
流动资产	40 000
非流动资产	60 000
流动负债	30 000
长期负债	30 000
所有者权益	40 000

收入成本类项目（2015年度）	金额
营业收入	80 000
固定成本	25 000
变动成本	30 000
财务费用（利息费用）	2 000

资料二：己公司计划2016年推出一款新型饮料，年初需要购置一条新生产线，并立即投入使用，该生产线置购价格为50 000万元，可使用8年，预计净残值为2 000万元，采用直线法计提折旧，该生产线投入使用时需要垫支营运资金5 500万元，在项目终结时收回，该生产线投产后己公司每年可增加营业收入22 000万元，增加付现成本10 000万元，会计上对于新生产线折旧年限、折旧方法以及净残值等的处理与税法保持一致，假设己公司要求的最低报酬率为10%。

资料三：为了满足购置新生产线的资金需求，己公司设计了两个筹资方案，第一个方案是以借贷方式筹集资金50 000万元，年利率为8%；第二个方案是发行普通股10 000万股，每股发行价5元，己公司2016年年初普通股股数为30 000万股。

资料四：假设己公司不存在其他事项，己公司适用的所得税税率为25%。相关货币时间价值系数表如表2所示：

表2 货币时间价值系数表

期数（n）	1	2	7	8
（P/F，10%，n）	0.9091	0.8264	0.5132	0.4665
（P/A，10%，n）	0.9091	1.7355	4.8684	5.3349

要求：

（1）根据资料一，计算己公司的下列指标：

①营运资金；

②产权比率；

③边际贡献率；

④保本销售额。

（2）根据资料一，计算经营杠杆系数。

（3）根据资料二和资料四，计算新生产线项目的下列指标：

①原始投资额；

②$NCF_{1\sim7}$；

③NCF_{8}；

④NPV。

（4）根据要求（3）的计算结果，判断是否应该购置该生产线，并说明理由。

（5）根据资料三，计算两个筹资方案的每股收益无差别点息税前利润。

（6）假设己公司采用第一个方案进行筹资，根据资料一、资料二和资料三，计算生产线投产后己公司的息税前利润和财务杠杆系数。

【我来作答】

【我来总结】

11.22 乙公司是一家上市公司，该公司2014年年末资产总计为10 000万元，其中负债合计为2 000万元。该公司适用的所得税税率为25%。相关资料如下：

资料一：预计乙公司净利润持续增长，股利也随之相应增长。相关资料如表所示：

表1　　乙公司相关资料

2014年年末股票每股市价	8.75元
2014年股票的β系数	1.25
2014年无风险收益率	4%
2014年市场组合的收益率	10%
预计股利年增长率	6.5%
预计2015年每股现金股利（D_1）	0.5元

资料二：乙公司认为2014年的资本结构不合理，准备发行债券募集资金用于发展，并利用自有资金回购相应价值的股票，优化资本结构，降低资本成本。假设发行债券不考虑筹资费用，且债券的市场价值等于其面值，股票回购后该公司总资产账面价值不变。经测算，不同资本结构下的债务利率和运用资本资产定价模型确定的权益资本成本如表所示：

表2　　不同资本结构下的债务利率与权益资本成本

方案	负债（万元）	债务利率	税后债务资本成本	按资本资产定价模型确定的权益资本成本	以账面价值为权重确定的平均资本成本
原资本结构	2 000	（A）	4.5%	*	（C）
新资本结构	4 000	7%	（B）	13%	（D）

注：表中“*”表示省略的数据。

要求：

（1）根据资料一，利用资本资产定价模型计算乙公司股东要求的必要收益率。

（2）根据资料一，利用股票估价模型，计算乙公司2014年年末股票的内在价值。

（3）根据上述计算结果，判断投资者2014年年末是否应该以当时的市场价格买入乙公司股票，并说明理由。

（4）确定表2中英文字母代表的数值（不需要列示计算过程）。

（5）根据（4）的计算结果，判断这两种资本结构中哪种资本结构较优，并说明理由。

（6）预计2015年乙公司的息税前利润为1 400万元，假设2015年该公司选择债务为4 000万元的资本结构，2016年的经营杠杆系数（DOL）为2，计算该公司2016年的财务杠杆系数（DFL）和总杠杆系数（DTL）。

【我来作答】

【我来总结】

11.23 戊公司生产和销售E、F两种产品，每年产销平衡。为了加强产品成本管理，合理确定下年度经营计划和产品销售价格，该公司专门召开总经理办公会进行讨论。相关资料如下：

资料一：2014年E产品实际产销量为3 680件，生产实际用工为7 000小时，实际人工成本为16元/小时。标准成本资料如下表所示：

E产品单位标准成本

项目	直接材料	直接人工	制造费用
价格标准	35元/千克	15元/小时	10元/小时
用量标准	2千克/件	2小时/件	2小时/件

资料二：F产品年设计生产能力为15 000件，2015年计划生产12 000件，预计单位变动成本为200元，计划期的固定成本总额为720 000元。该产品适用的消费税税率为5%，成本利润率为20%。

资料三：戊公司接到F产品的一个额外订单，意向订购量为2 800件，订单价格为290元/件，要求2015年内完工。

要求：

（1）根据资料一，计算2014年E产品的下列指标：

①单位标准成本；

②直接人工成本差异；

③直接人工效率差异；

④直接人工工资率差异。

（2）根据资料二，运用全部成本费用加成定价法测算F产品的单价。

（3）根据资料二，运用变动成本费用加成定价法测算F产品的单价。

（4）根据资料二、资料三和上述测算结果，作出是否接受F产品额外订单的决策，并说明理由。

（5）根据资料二，如果2015年F产品的目标利润为150 000元，销售单价为350元。假设不考虑消费税的影响，计算F产品保本销售量和实现目标利润的销售量。

【我来作答】

【我来总结】

答案与解析

11.1 斯尔解析 本题考查的是投资项目现金流量与财务评价指标计算，可转换债券基本要素。

（1）

折旧=30 000 000/3/10 000=1 000（万元）

NCF_0=-3 000（万元）

NCF_1=1 000+1 000=2 000（万元）

NCF_2=1 000×（1+20%）+1 000=2 200（万元）

NCF_3=1 000×（1+20%）×（1+20%）+1 000=2 440（万元）

净现值=-3 000+2 000×（1+8%）$^{-1}$+2 200×（1+8%）$^{-2}$+2 440×（P/F，8%，3）=2 674.87（万元）

现值指数=未来现金净流量现值/原始投资额现值=（净现值+原始投资额现值）/原始投资额现值=（2 674.87+3 000）/3 000=1.89

（2）

B方案原始投资额=（50 000 000+5 000 000）/10 000=5 500（万元）

B方案折旧额=50 000 000/5/10 000=1 000（万元）

$NCF_{1\sim4}$=［35 000 000×（1-25%）-8 000 000×（1-25%）+10 000 000×25%］/10 000=2 275（万元）

NCF_5=2 275+500=2 775（万元）

净现值=-5 500+2 275×（P/A，8%，4）+2 775×（P/F，8%，5）=3 923.69（万元）

（3）

A方案年金净流量=2 674.87/（P/A，8%，3）=1 037.94（万元）

B方案年金净流量=3 923.69/（P/A，8%，5）=982.72（万元）

由于A方案年金净流量大于B方案，故选择A方案。

（4）

节省的利息=30 000 000×（5%-1%）=120（万元）

转换比率=债券面值/转换价格=100/20=5

说明：

（1）本题数字较大，“数0”十分麻烦，建议同学们将计算结果转换为“万元”。

（2）第（1）问，看到题干中提供“税后营业利润”，应立刻判断需采用“营业期现金净流量=税后营业利润+折旧”公式计算。

（3）第（4）问看似是较为灵活的考法，但其实是教材例题的改编，再次提醒各位要吃透教材例题。

11.2 斯尔解析 本题考查的是本量利模型应用，资金需求量测算的资金习性法，放弃现金折扣成本计算，应收账款管理，投资项目现金流量计算。

（1）M产品盈亏平衡点的销售量=固定成本/单位边际贡献=1 300 000/（100-50）=2 600（件）

（2）

①使用移动平均法预测2020年M产品的销售量=（3 080+3 000+3 400）/3=3 160（件），使用修正的移动平均法预测2020年M产品的销售量=3 160+（3 160−3 300）=3 020（件）。

②M产品的安全边际率=安全边际量/预计销售量=（预计销售量−盈亏平衡点销售量）/预计销售量=（3 020−2 600）/3 020=13.91%。

③设销售量为X，资金占用量为Y，则满足Y=a+bX，其中a为不变资金，b为变动资金。

最高点：820 000=a+b×3 400

最低点：700 000=a+b×2 800

求得：a=140 000，b=200，即Y=140 000+200X

因此，2020年甲公司预计的资金需求量为=140 000+200×3 020=744 000（元）。

（3）放弃折扣的信用成本率=$\frac{折扣\%}{1-折扣\%}\times\frac{360}{信用期-折扣期}=\frac{2\%}{1-2\%}\times\frac{360}{30-10}$=36.73%

（4）根据第（2）问，甲公司2020年预计营业收入=100×3 020=302 000（元），由于应收账款周转率=营业收入/应收账款平均余额=营业收入/［（应收账款年初余额+应收账款年末余额）÷2］

假设2020年年末应收账款余额为X，则3.02=302 000/［（120 000+X）÷2］，求得X=80 000（元），因此，采取加快资金回笼措施增收的资金数额为120 000−80 000=40 000（元）。

（5）

①新设备投产后每年增加的营业现金净流量=税后营业利润+折旧=20×（1−25%）+200/10=35（万元）

②静态回收期=200/35=5.71（年）

说明：

（1）运用修正移动平均法时，需要找到前一年的预测数据，即站在2019年视角所预测的2020年销量，但该数据并未在题干描述中直接给出，而是通过表格的形式“悄悄地”告诉了各位，因此请务必学会抓取表格重要信息。

（2）第（4）问看似是较为灵活的考法，但其实是教材例题的改编，再次提醒各位要吃透教材例题，关键是要理解回笼的资金=应收账款期末余额−应收账款期初余额。

11.3 斯尔解析 本题考查的是本量利模型应用，销量预测方法，销售预算、生产预算和资金预算编制。

（1）

①盈亏平衡点销售量=销量×盈亏临界点作业率=980×40%=392（件）

②固定成本总额=盈亏平衡点销售量×单位边际贡献=392×（1 000−600）=156 800（元）

③安全边际率=（980−392）/980=60%或=1−40%=60%，根据企业经营安全程度评价标准，该企业的经营安全程度为“很安全”（大于40%）。

（2）

预测销售量（Y_{n+1}）=（810+1 060+980）÷3=950（件）

修正后预测销售量（Y_{n+1}）=950+（950–900）=1 000（件）

（3）根据（2）的结果和资料三，甲公司2021年第一季度至第四季度的销量分别为150件［（1 000–300–400）/2=150］、300件、150件、400件，因此第三季度预计生产量=预计销售量+预计期末产成品存货–预计期初产成品存货=150+400×10%–150×10%=175（件）。

（4）第一季度预计现金收入=150×1 000×80%+80 000=200 000（元）

（5）

①现金余额=62 000+200 000–220 000=42 000（元）

②设取得短期借款金额为W元，42 000+W–W×8%/4≥60 000，W≥18 367.35（元），因为借款数额须为1 000元的整数倍，所以取得借款金额=19 000（元）。

③短期借款利息金额=19 000×8%/4=380（元）

④期末现金余额=42 000+19 000–380=60 620（元）

说明：

（1）第（1）问中关于经营安全程度的判断属于冷门考点，需要适当关注。

（2）本题关键是准确计算第（2）问的预计销售量，否则将导致后续的连环错误。另外，本题第（3）问将销售预算和生产预算有机结合，有一定灵活度。

11.4 斯尔解析 本题考查的是基本财务报表分析，杜邦分析法与因素分析法综合应用，销售百分比法。

（1）

①甲公司2020年的营业净利率=净利润/营业收入×100%=5 400 000/（90 000×200）×100%=30%

②甲公司2020年的权益乘数=总资产/股东权益=1/（1–资产负债率）=1/（1–60%）=2.5

③甲公司2020年的净资产收益率=营业净利率×总资产周转率×权益乘数，因此：

甲公司2020年的总资产周转率=净资产收益率/（营业净利率×权益乘数）=15%/（30%×2.5）=0.2

（2）

行业平均水平的权益乘数=净资产收益率/（营业净利率×总资产周转率）=25%/（25%×0.5）=2

行业平均水平的资产负债率=1–1/权益乘数=1–1/2=50%

（3）

甲公司净资产收益率=营业净利率×总资产周转率×权益乘数=30%×0.2×2.5

行业平均水平的净资产收益率=营业净利率×总资产周转率×权益乘数=25%×0.5×2

①营业净利率对净资产收益率的影响为：（30%–25%）×0.5×2=0.05

②总资产周转率对净资产收益率的影响为：30%×（0.2–0.5）×2=–0.18

③权益乘数对净资产收益率的影响为：30%×0.2×（2.5–2）=0.03

造成该差异的最主要影响因素是总资产周转率下降。

（4）

①

需求价格弹性系数=销售量变动率/价格变动率，因此：销售量变动率=需求价格弹性系数×价格变动率=-3×（-10%）=30%

2021年销售额=200×（1-10%）×90 000×（1+30%）=21 060 000（元）

2021年的销售额增长百分比=［21 060 000-200×90 000］/（200×90 000）=17%

②

2020年的总资产周转率=营业收入/平均资产总额=200×90 000/平均资产总额=0.2

2020年的平均资产总额=200×90 000/0.2=90 000 000（元）

因为2021年资产增加额为当年销售额的18%，所以：

2021年的资产总额=90 000 000+21 060 000×18%=93 790 800（元）

2021年的总资产周转率=21 060 000/93 790 800=22.45%

相比2020年的总资产周转率有所提高，因此甲公司资产运营效率得到改善。

（5）

2021年的外部融资需求量=经营资产增加-经营负债增加-增加的留存收益=21 060 000×（18%-8%）-21 060 000×22%×30%=716 040（元）

说明：

（1）第（3）问中，行业平均数据为基准值，甲公司数据为实际值，因此需要用甲公司数据替代行业平均数据。

（2）需求价格弹性系数属于非常冷门的考点，但也是本题解题的关键，因此提示同学们切勿忽略一些细小的知识点，否则容易“摔跟头”。

（3）第（5）问计算融资总需求时，并未采用“经营XX销售百分比×销售额增加”或“基期经营XX×预计销售额增长率”这两个公式，而是采用了最原始公式“经营资产增加-经营负债增加”进行计算。需要提醒的是，“预计2021年资产增加额和负债增加额分别为当年销售额的18%和8%”并不等同于“经营资产销售百分比和经营负债百分比分别为18%和8%”，因为：第一，题干所给出的百分比的分母不是基期销售额，而是预测期销售额；第二，分子不是“基期经营XX”，而是“经营XX增加额”。

11.5 斯尔解析 本题考查的是销售百分比法，上市公司特殊财务指标计算，资本成本率计算，周转信贷额度借款成本计算，股票投资计算（阶段性增长模型）。

（1）

①因销售增加而增加的资产额=10 000×20%×50%=1 000（万元）

②因销售增加而增加的负债额=10 000×20%×15%=300（万元）

③因销售增加而需要增加的资金量=1 000-300=700（万元）

④预计利润的留存增加额=10 000×（1+20%）×10%×40%=480（万元）

⑤外部融资需要量=700-480=220（万元）

（2）如果丙公司2020年需要增加固定资产投资100万元，则外部融资需要量=220+100=320（万元）。

（3）每股收益=净利润/普通股股数=10 000×10%/2 000=0.5（元/股）

当前的市盈率=股价/每股收益=10/0.5=20（倍）

（4）优先股的资本成本率=（100×9%）/［120×（1-3%）］=7.73%

（5）预计借款成本是支付的利息和承诺费之和，由于丙公司有40万元的额度没有使用，所以借款成本=利息费用+承诺费=60×10%+40×0.5%=6.2（万元）

（6）

①计算高速增长期股利的现值：

第1年股利现值=0.6×（1+15%）×（P/F，12%，1）=0.6162（元）

第2年股利现值=0.6×$（1+15\%）^{2}$×（P/F，12%，2）=0.6324（元）

第3年股利现值=0.6×$（1+15\%）^{3}$×（P/F，12%，3）=0.6497（元）

高速增长期股利现值=0.6162+0.6324+0.6497=1.90（元）

②正常增长期股利在第3年年末的现值：

$$V_3=\frac{D_4}{R_s-g}=\frac{D_3\times（1+9\%）}{12\%-9\%}=\frac{0.6\times（1+15\%）^{3}\times（1+9\%）}{12\%-9\%}=33.16（元）$$

③股票的内在价值V_0=33.16×（P/F，12%，3）+1.90=25.50（元）

（7）由于股票的内在价值25.50元大于股票的市价18元，因此丙公司应当购买A公司股票。

说明：

（1）计算优先股资本成本时，分子无须扣除所得税，但是分母仍要扣除筹资费。

（2）阶段性增长模型下的股票价值计算是计算型问题的难点，建议同学们结合现金流量图进行计算。本题易犯的错误是，未将正常增长期的现值（33.16元）继续贴现至0时点，而是直接与高速增长期的现值（1.9元）相加。但由于时间口径不一致，这两者是无法直接相加的。

11.6 斯尔解析 本题考查的是投资项目评价指标计算与相关决策，各类资本成本率计算以及每股收益无差别点计算与决策。

（1）

①第0年现金净流量=-6 000-700=-6 700（万元）

②折旧=（6 000-1 200）/6=800（万元）

第1～5年每年的现金净流量=（3 000-1 000）×（1-25%）+800×25%=1 700（万元）

③第6年现金净流量=1 700+700+1 200=3 600（万元）

④现值指数=［3 600×（P/F，8%，6）+1 700×（P/A，8%，5）］/6 700=1.35

（2）因为现值指数大于1，所以甲公司应该购置该生产线。

（3）银行借款资本成本率=6%×（1-25%）=4.5%

普通股资本成本率=0.48/6+3%=11%

（4）（EBIT-500-6 000×6%）×（1-25%）/3 000=（EBIT-500）×（1-25%）/（3 000+1 000）

解得：每股收益无差别点EBIT=1 940（万元）因为预计年息税前利润2 200万元大于每股收益无差别点1 940万元，所以甲公司应该选择方案一。

说明：

（1）当提问“现金流量”时，需要考虑正负号的问题。另外，在计算营业期现金流量时，一定要养成习惯，先算折旧额，再算现金流，从而提高得分率。

（2）在计算终结期现金流量时，务必要记得加上与营业期相同的现金流量。

（3）如果分别计算了营业期和终结期现金流量，那么在计算净现值时要注意复利现值与年金现值的期数：营业期按年金现值计算，期数为N期；终结期按复利现值计算，期数为（N+1）期。

11.7 斯尔解析 本题考查的是存货经济订货批量相关指标计算，应付账款周转期计算，放弃现金折扣成本决策，成本性态以及责任中心评价指标。

（1）

①零部件的经济订货量=$\sqrt{\dfrac{2\times 2\ 000\times 54\ 000}{6}}$=6 000（个）

②全年最佳订货次数=54 000/6 000=9（次）

③最佳订周期=360/9=40（天）

④经济订货量下的变动储存成本总额=6 000/2×6=18 000（元）

（2）2018年度的应付账款周转期=450 000/（54 000×100/360）=30（天）

（3）在第10天付款的净收益=54 000×100×2%−54 000×100×（1−2%）×4.8%/360×（30−10）=93 888（元）

在第30天付款的净收益=0

在第10天付款的净收益大，所以甲公司应选择在第10天付款。

（4）A分厂投入运营后预计年产品成本总额=54 000×（30+20）+1 900 000=4 600 000（元）

（5）

①边际贡献=54 000×（100−30−20）=2 700 000（元）

②可控边际贡献=2 700 000−700 000=2 000 000（元）

③部门边际贡献=2 700 000−1 900 000=800 000（元）

说明：

（1）应付账款周转期=应付账款平均余额/日购货成本，不少同学对该指标感到陌生，需适当关注，特别是分母为“购货成本”，而非“销货成本”。

（2）放弃现金折扣成本决策的利息计算有一定难度。原则上，支付银行的利息=本金×计息期利率，但要注意的是，本金应为“应付账款−折扣”，计息期利率应为“年利率×计息期”，其中计息期=年利率×（回款期−折扣期）/360。

11.8 斯尔解析 本题考查的是投资项目财务评价指标计算，现金流量计算以及相关决策，各类股利政策的应用。

（1）

A方案的静态回收期=5 000/2 800=1.79（年）

A方案的动态回收期=2+［5 000−2 800×（P/A，15%，2）］/［2 800×（P/F，15%，3）］=2.24（年）

A方案净现值=2 800×（P/A，15%，3）–5 000=1 392.96（万元）

A方案现值指数=2 800×（P/A，15%，3）/5 000=1.28

（2）

B方案的年折旧额=4 200/6=700（万元）

B方案净现值=–5 000+［2 700×（1–25%）–700×（1–25%）+700×25%］×（P/A，15%，6）+800×（P/F，15%，6）=1 684.88（万元）

B方案年金净流量=1 684.88/（P/A，15%，6）=445.21（万元）

（3）净现值法不能直接用于对寿命期不同的互斥投资方案进行决策，故应选择年金净流量法。

（4）A方案的年金净流量为610.09万元＞B方案的年金净流量445.21万元，故应选择A方案。

（5）继续执行固定股利支付率政策，该公司的收益留存额=4 500–4 500×20%=3 600（万元）。

（6）改用剩余股利政策，公司的收益留存额=5 000×70%=3 500（万元），可发放股利额=4 500–3 500=1 000（万元）。

说明：本题第（1）问中的动态回收期原则上可以用另一种方法计算。由于A方案每年现金净流量相等，因此列式：2 800×（P/A，15%，n）=5 000，求得：（P/A，15%，n）=1.7857，再利用内插法，可求得n=2.25（年）（仅有微小误差，可忽略）。不过本题并未给出年金系数的具体数据，所以无法采用该方法。

11.9 斯尔解析 本题考查的是本量利模型应用，杠杆系数计算，基本每股收益和稀释每股收益计算，市盈率计算及其经济含义。

（1）

2016年边际贡献总额=2 000×（50–30）=40 000（万元）

2016年息税前利润=40 000–20 000=20 000（万元）

（2）

经营杠杆系数=40 000/20 000=2

财务杠杆系数=20 000/（20 000–200 000×5%）=2

总杠杆系数=2×2=4或总杠杆系数=40 000/（20 000–20 000×5%）=4

（3）

①2017年息税前利润预计增长率=2×20%=40%

②2017年每股收益预计增长率=4×20%=80%

（4）2017年的基本每股收益=8 400/（3 000+2 000×3/12）=2.4（元/股）

（5）

2018年的基本每股收益=10 600/（3 000+2 000）=2.12（元/股）

2018年的稀释每股收益=（10 600+200）/（3 000+2 000+8 000/10×6/12）=2（元/股）

（6）2018年年末市盈率=31.8/2.12=15（倍）

该公司的市盈率15倍低于同行业类可比公司的市盈率25倍，市场对于该公司股票的收益预期不是很看好。

说明：

（1）本题题干中有两句话，不知同学们是否有过思考："假定单价、单位变动成本和固定成本总额在2017年保持不变"和"假定债务资金和利息水平在2017年保持不变"，这两句话说明了什么呢？说明了该公司2017年杠杆系数可以用2016年数据作为基期进行计算，否则本题第（2）问和第（3）问是不成立的，这充分体现了命题人的严谨。

严格来说，若没有以上假定，是无法用基期数据计算预测期杠杆系数的。例如，假设该公司在2017年年初有一笔较大金额的债务融资，导致利息水平大幅上涨，此时不应再使用2016年的数据来预测2017年的杠杆系数，而是需要重新计算。从学习角度，简单了解即可，属于超纲内容；从考试角度，历年真题也从未考查过类似问题，同学们无须掌握。

（2）计算可转债对每股收益的稀释性时，分子需要调整，既要考虑计息的时间，也要考虑所得税，但是本题题干的表述为"对于公司当年净利润的影响数为200万元"，即该数字是已经调整过时间和税率的数字，直接使用即可。

11.10 斯尔解析 本题考查的是各类经营预算以及资金预算编制，连环替代法的应用。

（1）

①W产品的第一季度现金收入=80 000+100×1 000×60%=140 000（元）

②预计资产负债表中应收账款的年末数=400×1 000×40%=160 000（元）

（2）

①第一季度预计材料期末存货量=200×10%×10=200（千克）

②第二季度预计材料采购量=（200+300×10%−20）×10=2 100（千克）

③第三季度预计材料采购金额=（300+400×10%−300×10%）×10×5=15 500（元）

（3）

①设取得短期借款金额为X元：26 700+X−X×10%/12×3≥50 000，X≥23 897.44（元），因为借款和还款数额须为1 000元的整数倍，所以，取得短期借款金额=24 000（元）。

②短期借款利息金额=24 000×10%/12×3=600（元）

③期末现金余额=26 700+24 000−600=50 100（元）

（4）

第四季度材料费用总额实际数=3 600×6=21 600（元）

第四季度材料费用总额预算数=400×10×5=20 000（元）

第四季度材料费用总额实际数与预算数之间的差额=21 600−20 000=1 600（元）

（5）

第四季度材料费用总额预算数=400×10×5=20 000（元）

第四季度材料费用总额实际数=450×（3 600/450）×6=21 600（元）

替换产品产量：450×10×5=22 500（元）

替换产品材料消耗量：$450\times\dfrac{3\ 600}{450}\times5$=18 000（元）

替换单位产品价格：450×3 600/450×6=21 600（元）

替换产品产量对材料费用总额实际数与预算数之间差额的影响=22 500−20 000=2 500（元）

替换单位产品材料消耗量对材料费用总额实际数与预算数之间差额的影响=18 000−22 500=−4 500（元）

替换单位产品价格对材料费用总额实际数与预算数之间差额的影响=21 600−18 000=3 600（元）

说明：

（1）第（1）问计算第一季度现金收入，切记要考虑上一年年末应收账款余额的收回。

（2）第（3）问计算短期借款金额时，一定要扣减利息，且注意观察题目所给出的利率是计息期利率还是年利率，如果是年利率，则需要换算。

11.11 斯尔解析 本题考查的是各类资本成本率计算，本量利模型的应用，资本结构优化的公司价值分析法，剩余股利政策以及股利理论的应用。

（1）

债务资本成本率=8%×（1−25%）=6%

权益资本成本率=6%+2×（10%−6%）=14%

平均资本成本率=6%×600/（600+2 400）+14%×2 400/（600+2 400）=12.4%

（2）

边际贡献总额=12 000×（1−60%）=4 800（万元）

息税前利润=4 800−800=4 000（万元）

（3）

方案1公司权益市场价值=（4 000−2 000×8%）×（1−25%）/10%=28 800（万元）

公司市场价值=28 800+2 000=30 800（万元）

方案2公司权益市场价值=（4 000−3 000×8.4%）×（1−25%）/12%=23 425（万元）

公司市场价值=23 425+3 000=26 425（万元）

方案1的公司市场价值30 800万元高于方案2的公司市场价值26 425万元，故公司应当选择方案1。

（4）

投资计划所需要的权益资本数额=2 500×60%=1 500（万元）

预计可发放的现金股利=2 800−1 500=1 300（万元）

每股股利=1 300/2 000=0.65（元/股）

（5）信号传递理论认为，在信息不对称的情况下，公司可以通过股利政策向市场传递有关公司未来获利能力的信息，从而会影响公司的股价。公司的股利支付水平在过去一个较长的时期内相对稳定，而现在却从0.9元/股下降到0.65元/股，投资者将会把这种现象看作公司管理当局将改变公司未来收益率的信号，会感受到这是企业经理人员对未来发展前景作出无法避免衰退预期的结果，股票市价将会对股利的变动作出反应（可能随之下降）。

11.12 斯尔解析 本题考查的是销售百分比法，租赁租金测算，投资项目现金流量以及财务评价指标计算，放弃现金折扣成本决策。

（1）

①因销售增加而增加的资产额=40 000×30%×45%=5 400（万元）

②因销售增加而增加的负债额=40 000×30%×25%=3 000（万元）

③因销售增加而需要增加的资金量=5 400–3 000=2 400（万元）

④预计利润的留存增加额=40 000×（1+30%）×10%×40%=2 080（万元）

⑤外部融资需要量=2 400–2 080=320（万元）

（2）

①计算租金时使用的折现率=8%+2%=10%

②该设备的年租金=［1 000–100×（P/F，10%，5）］/（P/A，10%，5）=247.42（万元）

（3）

①新设备投产后每年增加的营业现金净流量=132.5+180=312.5（万元）

②静态回收期=1 000/312.5=3.2（年）

（4）

①放弃现金折扣的信用成本率=1%/（1–1%）×360/（30–10）=18.18%

②戊公司不应该放弃现金折扣。因为放弃现金折扣的信用成本率18.18%＞银行借款利息率8%。

③银行借款的资本成本率=8%×（1–25%）=6%

说明：

（1）第（1）问计算资产增加额和负债增加额均使用“增量的销售额”，而计算增加的留存收益时，则使用“预计的全年销售额”。

（2）租赁租金测算时，需要注意折现率是“利率+租赁手续费率”。

（3）第（3）问所使用的公式为“税后营业利润+折旧”，该公式中的“折旧”后面不需要再乘以所得税税率。

11.13 斯尔解析 本题考查的是基本财务报表分析，股票投资计算与相关决策。

（1）A=184 800/154 000=1.2

B=23 100/154 000×100%=15%

C=200 000/338 800=0.59

D=15 000/200 000×100%=7.5%

E=15 000/10 000=1.5

F=46.2/2.31=20

（2）

①庚公司财务结构更加稳健。产权比率是企业财务结构稳健与否的重要标志。产权比率反映了由债务人提供的资本与所有者提供的资本的相对关系，即企业财务结构是

否稳定。由于庚公司的产权比率小于己公司的产权比率，所以庚公司的财务结构更加稳健。

②庚公司获取现金的能力更强。获取现金的能力可通过经营活动现金流量净额与投入资源之比来反映。投入资源可以是营业收入、资产总额、营运资金、净资产或普通股股数等。由于庚公司的营业现金比率大于己公司的营业现金比率，所以庚公司获取现金的能力更强。

（3）

①必要收益率=4%+1.2×（9%-4%）=10%

②己公司股票价值=3/10%=30（元）

③建议减持己公司股票。由于己公司股票价值30元低于该公司的股票市价46.20元，故应该减持己公司股票。

（4）

①内部收益率=1.5×（1+6%）/25+6%=12.36%

②建议增持庚公司股票。由于庚公司股票的内部收益率12.36%大于庚公司股票的必要收益率11%，所以应该增持庚公司股票。

说明：

（1）产权比率、资产负债率、权益乘数三者之间成同向变动关系，但是这三者与企业偿债能力的强弱成反向变动关系，即三个比率越大，偿债能力越弱。

（2）股票增减持的决策路径：

①绝对数角度：当股票内在价值＞股价，说明该股票价值被市场低估，趁其便宜赶紧买，即建议“增持”；反之，建议“减持”。

②相对数角度：当股票内部收益率＞必要收益率，说明该股票的收益高于投资者对收益的最低要求，则建议“增持”；反之，建议“减持”。

11.14 斯尔解析 本题考查的是生产预算和资金预算编制，弹性预算法，标准成本差异分析。

（1）8月份A产品的预计生产量=2 000+2 500×12%-180=2 120（件）

（2）A产品的单位直接材料标准成本=10×3+15×2+20×2=100（元/件）

（3）8月份的直接人工预算金额=2 120×3×20=127 200（元）

（4）

①直接人工成本差异=146 300-2 200×3×20=14 300（元）

②直接人工效率差异=（7 700-2 200×3）×20=22 000（元）

③直接人工工资率差异=（146 300/7 700-20）×7 700=-7 700（元）

（5）8月份制造费用预算总额=31 800+18×2 120=69 960（元）

（6）A产品的单位标准成本=100+3×20+69 960/2 120=193（元/件）

（7）9月份的预计现金收入=2 500×200×40%+2 000×200×60%=440 000（元）

（8）9月份的预计现金余缺=60 500+440 000-487 500=13 000（元）

预计现金余缺13 000元小于理想的月末现金余额60 000元，所以需要向银行借款。

即13 000+借款≥60 000，借款≥47 000元，借入和归还金额均要求为1 000元的整数倍，所以应该借款47 000元。

说明：

（1）第（6）问中的“单位标准成本”指的是“直接材料标准成本+直接人工标准成本+制造费用标准成本”，注意：以上均为“单位产品”的标准成本。其中，制造费用标准成本是本题计算的难点。原则上，制造费用标准成本=工时用量标准×标准制造费用分配率，但本题没有给出相关数据，因此需要根据第（5）问的制造费用总额除以预算产量，从而得到每件产品的制造费用。需要注意的是，分母为“预算产量”，即第（1）问的计算结果，而非实际产量。

（2）第（8）问的题干未给出利率数据，因此本题在计算时也无须考虑。

11.15 斯尔解析 本题考查的是销量预测方法，资金需求量测算的资金习性法，剩余股利政策应用，各类资本成本率计算。

（1）

①2018年A产品的预计销售量=0.6×45+（1-0.6）×50=47（万吨）

②2018年A产品的预计销售额=47×3 300=155 100（万元）

（2）

①单位变动资金=（55 000-47 500）/（150 000-100 000）=0.15（元）

②不变资金总额=55 000-0.15×150 000=32 500（万元）

=47 500-0.15×100 000=32 500（万元）

③2018年度预计资金需求量=32 500+0.15×180 000=59 500（万元）

（3）

①2018年资金总需求中的权益资本数额=59 500×60%=35 700（万元）

②2018年需要增加的权益资本数额=（59 500-54 000）×60%=3 300（万元）

发放股利现金股利总额=50 000-3 300=46 700（万元）

每股股利=46 700/2 000=23.35（元）

（4）

①债券的资本成本率=900×9%×（1-25%）/［1 000×（1-2%）］=6.2%

②银行借款的资本成本率=6%×（1-25%）=4.5%

说明：

（1）第（3）问运用资金习性法所得出的资金需求量是“总量”，相当于全年的资金占用额。

（2）采用剩余股利政策计算发放股利时，首先要计算预计资金需求中所需增加的权益资本数额，但要注意的是，此处的“资金需求”是当年增加的资金需求，而非当年的“资金占用额”，因此2018年增加的资金需求=2018年资金占用额-2017年资金占用额=59 500-54 000=5 500（万元），再根据目标资本结构，确定增加的权益资本，即5 500×60%=3 300（万元）。需要提示的是，2017年资金占用额已在表格中给出，同学们一定要学会读表，并获取有效信息。

11.16 斯尔解析 本题考查的是基本财务报表分析，因素分析法以及本量利模型应用。

（1）

①总资产净利率=2 250/60 000 × 100%=3.75%

②权益乘数=60 000/25 000=2.4

③营业净利率=2 250/18 000 × 100%=12.5%

④总资产周转率=18 000/60 000=0.3（次）

（2）

①丁公司的权益乘数大于行业平均水平，说明丁公司运用负债较多，偿债风险大，偿债能力相对较弱；丁公司的总资产周转率小于行业平均水平，说明丁公司与行业水平相比，营运能力较差。

②总资产净利率=营业净利率 × 总资产周转率

所在行业的总资产净利率=8% × 0.5=4%

丁公司的总资产净利率=12.5% × 0.3=3.75%

丁公司总资产净利率与行业平均水平总资产净利率差异=3.75%−4%=−0.25%

营业净利率变动对总资产净利率的影响为：（12.5%−8%）× 0.5=2.25%

总资产周转率变动对总资产净利率的影响为：12.5% ×（0.3−0.5）=−2.5%

丁公司总资产净利率低于行业平均水平差异形成的主要原因是总资产周转率较低，低于行业平均水平。

（3）

①单位变动成本=（7 000+1 000）/20 000=0.4（元/件）

②保本点销售量=（4 000+2 000）/（0.9−0.4）=12 000（件）

③实现目标净利润的销售量=［2 640/（1−25%）+1 200+4 000+2 000］/（0.9−0.4）=21 440（件）

④实现目标净利润时的安全边际量=21 440−12 000=9 440（件）

说明：

（1）第（2）问，产权比率、资产负债率、权益乘数三者之间成同向变动关系，但是这三者与企业偿债能力的强弱成反向变动关系，即三个比率越大，偿债能力越弱。

（2）当题目出现“某公司”与“行业平均水平”时，应将“行业平均水平”视为基准值，“某公司”视为实际值，即用“某公司”的数据替代“行业平均水平”。

11.17 斯尔解析 本题考查的是各类资本成本率计算，投资项目现金流量计算，投资项目财务评价指标计算以及相关决策。

（1）戊公司普通股资本成本=5%+2 ×（8%−5%）=11%

（2）戊公司的加权平均资本成本=11% ×（500+5 500）/10 000+8% ×（1−25%）× 4 000/10 000=9%

（3）A=−500（万元）

B=−（20−5）=−15（万元）

C=（500−0）/10=50（万元）

D=80 ×（1−25%）=60（万元）

E=60+50=110（万元）

F=E=110（万元）

G=15（万元）

H=F+G=110+15=125（万元）

（4）

①静态投资回收期=300/50=6（年）

内含收益率是净现值为0时的折现率。经测算，当折现率为6%时，该方案的净现值为10.49万元；当折现率为8%时，该方案的净现值为-12.67万元。

故根据内插法：（内含收益率-6%）/（8%-6%）=（0-10.49）/（-12.67-10.49）

求得内含收益率=6.91%

②Y方案的内含收益率小于戊公司的加权平均资本成本，故Y方案不可行。

（5）

I=NPV/（P/A，9%，10）=197.27/6.4177=30.74（万元）

J=（180.50+420）/420=1.43

（6）戊公司应当选择Z投资方案。Y方案不可行，Z投资方案和X投资方案的使用寿命不同，因此应根据年金净流量法进行决策，而Z投资方案年金净流量大于X方案的年金净流量。

说明：同学们需要理解题干中“假设该投资项目的风险与公司整体风险一致。该投资项目的筹资结构与公司资本结构相同”这句话的含义，即在投资决策时，可以用公司的加权平均资本成本衡量对该投资项目的必要收益率。

11.18 斯尔解析 本题考查的是本量利模型应用，杠杆系数计算，销量预测方法，信用政策决策以及新产品投产决策。

（1）

①边际贡献总额=600×（30-16）=8 400（万元）

②保本点销售量=2 800/（30-16）=200（万件）

③安全边际额=（600-200）×30=12 000（万元）

④安全边际率=（600-200）/600×100%=66.67%

（2）

①2017年度X产品的预计销售量=0.7×600+（1-0.7）×640=612（万件）

②以2016年为基期计算的经营杠杆系数=8 400/（8 400-2 800）=1.5

③预计2017年销售量增长率=（612-600）/600×100%=2%

预测2017年息税前利润增长率=1.5×2%=3%

（3）

增加的相关收益=120×（30-16）=1 680（万元）

增加的相关成本=350+1 700×6%=452（万元）

增加的相关利润=1 680-452=1 228（万元）

改变信用条件后公司利润增加，所以改变信用条件对公司有利。

（4）增加的息税前利润=300×（36-20）-600-200×（30-16）=1 400（万元）

投资新产品Y后公司的息税前利润会增加，所以应投产新产品Y。

说明：

（1）题干中，“假设2017年X产品单价和成本性态保持不变”说明该公司2017年杠杆系数可以用2016年数据作为基期进行计算，否则本题第（2）问无法成立。

（2）信用政策决策的原则是“增加的收益>增加的成本”，该收益是边际收益，该成本是固定成本，因此最终的决策结果相当于“增加的利润>0”。新产品投产的决策原则是选择增加的利润更多的方案，具体而言“增加的利润=增加的边际贡献-增加的机会成本-增加的固定成本”。上述两项决策原理几乎一样，可以类比掌握。

11.19 斯尔解析 本题考查的是现金周转期相关指标计算，基本财务报表分析，销售百分比法，各类资本成本率计算。

（1）

①应收账款平均金额=1 380/8+2 480/4+4 200/4+6 000/4+1 260/8=3 500（万元）

②应收账款周转期=应收账款平均金额/日销售收入=3 500/（21 000/360）=60（天）

③经营周期=60+70=130（天）

④现金周转期=130-66=64（天）

（2）

①2016年度末的权益乘数=14 000/（7 000+1 000）=1.75

②2016年度的营业毛利率=（21 000-8 400）/21 000×100%=60%

（3）

①利润的留存额=2 400×45%=1 080（万元）

②外部融资需求量=（28 000-21 000）×（25%-5%）+4 000-1 080=4 320（万元）

（4）

①发行债券的资本成本率=8%×（1-25%）/（1-2%）=6.12%

②短期借款的年实际利率=6.3%/（1-10%）=7%

说明：计算“实际利率”不需要扣减所得税，但若要求计算短期借款的“资本成本”，则需要扣减所得税。

11.20 斯尔解析 本题考查的是责任中心评价指标计算，上市公司特殊财务指标计算，剩余股利政策应用，股票股利的影响。

（1）

X利润中心的边际贡献=600-400=200（万元）

X利润中心的可控边际贡献=200-50=150（万元）

X利润中心的部门边际贡献=150-30=120（万元）

X利润中心的可控边际贡献可以更好地评价X利润中心负责人的管理业绩。

（2）

①接受投资机会前Y投资中心的剩余收益=300-2 000×10%=100（万元）

②接受投资机会后Y投资中心的剩余收益=（300+90）-（2 000+1 000）×10%=90（万元）

③Y投资中心不应该接受该投资机会，原因是Y投资中心接受投资机会后会导致剩余收益下降。

（3）每股收益=500/1 000=0.5（元/股），市盈率=10/0.5=20（倍），每股净资产=4 000/1 000=4（元/股），市净率=10/4=2.5（倍）。

（4）

①所需权益资本数额=1 000×（4 000/10 000）=400（万元）

②应发放的现金股利总额=500-400=100（万元）

每股现金股利=100/1 000=0.1（元/股）

（5）由于戊公司是在我国深圳证券交易所创业板上市交易的公司，所以应按照我国的股票股利发放规定，按照股票面值（元）来计算股票股利价格。

①未分配利润减少数=1 000/10×1+1 000/10×1=200（万元）

发放股利后的未分配利润=1 500-200=1 300（万元）

②股本增加额=1 000/10×1=100（万元）

发放股利后的股本=1 000+100=1 100（万元）

③股票股利按面值发行，不影响资产负债表“资本公积”项目，所以发放股票股利后资产负债表“资本公积”项目仍为500万元。

说明：虽然本题没有明确说明按市价还是面值计算股票股利，但题干指出该公司在深交所上市，因此可判断为我国企业，故按面值计算股票股利。

11.21 斯尔解析 本题考查的是基本财务报表分析，本量利模型应用，杠杆系数计算，投资项目现金流量计算，投资项目财务评价指标计算及其决策，每股收益无差别点计算。

（1）

①营运资金=40 000-30 000=10 000（万元）

②产权比率=（30 000+30 000）/40 000=1.5

③边际贡献率=（80 000-30 000）/80 000×100%=62.5%

④保本销售额=25 000/62.5%=40 000（万元）

（2）DOL=（80 000-30 000）/（80 000-30 000-25 000）=2

（3）

原始投资额=50 000+5 500=55 500（万元）

每年折旧额=（50 000-2 000）/8=6 000（万元）

$NCF_{1\sim7}$=22 000×（1-25%）-10 000×（1-25%）+6 000×25%=10 500（万元）

NCF_{8}=10 500+5 500+2 000=18 000（万元）

净现值=-55 500+10 500×（P/A，10%，7）+18 000×（P/F，10%，8）=4 015.2（万元）

（4）己公司应该购置该生产线，因为该项目的净现值大于零，方案可行。

（5）（EBIT-2 000-50 000×8%）×（1-25%）/30 000=（EBIT-2 000）×（1-25%）/（30 000+10 000）

EBIT=18 000（万元）

（6）息税前利润=80 000-30 000-25 000+22 000-10 000-6 000=31 000（万元）

财务杠杆系数=31 000/（31 000-2 000-50 000×8%）=1.24

11.22 斯尔解析 本题考查的是股票投资相关决策，各类资本成本率计算，资本结构优化，杠杆系数计算。

（1）必要收益率=4%+1.25×（10%-4%）=11.5%

（2）股票内在价值=0.5/（11.5%-6.5%）=10（元）

（3）由于股票内在价值10元高于股票市价8.75元，所以投资者2014年年末应该以当时的市场价格买入乙公司股票。

（4）

A=4.5%/（1-25%）=6%

B=7%×（1-25%）=5.25%

C=4.5%×（2 000/10 000）+11.5%×（8 000/10 000）=10.1%

D=5.25%×（4 000/10 000）+13%×（6 000/10 000）=9.9%

（5）新资本结构更优，因为新资本结构下的平均资本成本更低。

（6）

2015年的利息=4 000×7%=280（万元）

2016年财务杠杆系数（DFL）=2015年息税前利润/（2015年息税前利润-2015年利息）=1 400/（1 400-280）=1.25

2016年总杠杆系数（DTL）=经营杠杆系数（DOL）×财务杠杆系数（DFL）=2×1.25=2.5

说明：

①股票增减持的决策路径：当股票内在价值>股价，说明该股票价值被市场低估，即建议“增持”；反之，建议“减持”。

②第（4）问，由于“股票回购后该公司总资产账面价值不变”，因此资本结构优化前后的总资产均为10 000万元，即计算权重的分母均为10 000。

③第（6）问，根据题目信息，计算财务杠杆系数应当采用推导公式，即财务杠杆系数=基期息税前利润/基期利润总额，已知基期息税前利润为1 400万元，还需要求出基期利润总额（或税前利润），其计算方法为基期息税前利润减去目前资本结构下4 000万元债务所带来的利息费用，即1 400-4 000×7%=1 120（万元）。

11.23 斯尔解析 本题考查的是标准成本差异分析，产品定价方法，保本分析和保利分析。

（1）

①单位标准成本=35×2+15×2+10×2=120（元）

②直接人工成本差异=实际产量下实际工时×实际工资率-实际产量下标准工时×标准工资率=7 000×16-3 680×2×15=1 600（元）（超支）

③直接人工效率差异=（实际产量下实际工时-实际产量下标准工时）×标准工资率=（7 000-3 680×2）×15=-5 400（元）（节约）

④直接人工工资率差异=（实际工资率-标准工资率）×实际产量下实际工时=（16-15）×7 000=7 000（元）（超支）

（2）全部成本费用加成定价法确定的F产品的单价：

单位产品价格=单位成本×（1+成本利润率）/（1–适用消费税税率）

=（200+720 000/12 000）×（1+20%）/（1–5%）=328.42（元）

（3）变动成本费用加成定价法确定的F产品的单价：

单位产品价格=单位变动成本×（1+成本利润率）/（1–适用税率）=200×（1+20%）/（1–5%）=252.63（元）

（4）由于额外订单价格290元高于按变动成本费用加成定价法确定的F产品的单价252.63元，接受额外订单在不增加固定成本的情形下增加边际贡献，即增加利润，故应接受这一额外订单。

（5）保本销售量=720 000/（350–200）=4 800（件）

实现目标利润的销售量=（150 000+720 000）/（350–200）=5 800（件）

说明：严格意义上，第（4）问应先判断企业是否有剩余生产能力。根据题目信息，新增订购量为2 800件，原计划生产12 000件，合计14 800件，未超过生产能力15 000件。当企业在生产能力有剩余的情况下增加生产一定数量的产品，这些增加的产品可以不负担企业的固定成本，只负担变动成本。因此，只要额外订单的单价高于其按变动成本计算的价格（即第（3）问的结果），企业就应接受这一额外订单。

小斯有话说：

做完不代表做对，做对不代表都会，认真回顾做题过程，总结掉坑经验，下次可千万别再犯同样的错误啦！

学员：

过